Palabras
Libro de vocabulario

A buen puerto

Advanced Spanish

This publication forms part of an Open University course L314 *A buen puerto: Advanced Spanish*. Details of this and other Open University courses can be obtained from the Student Registration and Enquiry Service, The Open University, PO Box 197, Milton Keynes MK7 6BJ, United Kingdom: tel. +44 (0)845 300 60 90, email general-enquiries@open.ac.uk

Alternatively, you may visit the Open University website at http://www.open.ac.uk where you can learn more about the wide range of courses and packs offered at all levels by The Open University.

To purchase a selection of Open University course materials visit http://www.ouw.co.uk, or contact Open University Worldwide, Michael Young Building, Walton Hall, Milton Keynes MK7 6AA, United Kingdom for a brochure. tel. +44 (0)1908 858793; fax +44 (0)1908 858787; email ouw-customer-services@open.ac.uk

The Open University
Walton Hall, Milton Keynes
MK7 6AA

Edited and designed by The Open University.

Typeset by The Open University

Printed in the United Kingdom by Latimer Trend and Company Ltd., Plymouth

ISBN 9781848732162

1.1

Contents

Production team

Module team

Inma Álvarez (module team chair)

Lluïsa Astruc (academic, coordinator of *Palabras*)

Tita Beaven (module team chair)

Sue Burrows (secretary)

María Fernández-Toro (academic)

Matilde Gallardo (academic)

Becky Jones (curriculum manager)

Martha Lucía Quintero Gamboa (curriculum manager)

Marén Oredein (secretary)

Authors

Alicia Peña Calvo

Anne Ife

Lucila Makin

External assessor

Manuel Frutos-Pérez (University of the West of England)

Media team

Andrea Anguera (editor)

Michael Britton (editorial media developer)

Lene Connolly (print buying controller)

Kim Dulson (assistant print buyer)

Neil Mitchell (graphic designer)

Esther Snelson (media project manager)

Introducción

Palabras es un libro de práctica y expansión de vocabulario para estudiantes de español avanzado. Acompaña al tercer curso de la Open University L314 *A buen puerto,* pero está diseñado para que pueda utilizarse de manera independiente como complemento a otros cursos de español, tanto en sistemas de autoestudio como en sistemas presenciales.

Los objetivos del libro son:

- ampliar y facilitar la práctica del vocabulario activo en una variedad de temas generales;

- desarrollar estrategias de adquisición de vocabulario de nivel avanzado;

- desarrollar estrategias y conocimientos que permitan utilizar los elementos léxicos de manera correcta y apropiada a la situación.

El desarrollo del vocabulario es una parte fundamental del aprendizaje de una lengua a cualquier nivel. A niveles avanzados se hace más importante adquirir un conocimiento más profundo de cómo se estructuran los elementos léxicos en la lengua de estudio.

El significado de los elementos léxicos no está determinado solamente por el significado de las palabras en sí mismas (nivel semántico) sino también por la relación que ellas tienen entre sí con el contexto (nivel pragmático) en el que aparecen y con la estructura general del texto en el que se encuentran (nivel de discurso). *Palabras* te ayudará a desarrollar destrezas que te permitan utilizar los recursos léxicos de una manera más efectiva.

Estructura del libro

El libro de vocabulario comprende seis unidades: Culturas, Arte, Lenguas, Ciencias, Mercados, y Medio ambiente, cada uno de ellas relacionada con uno de los libros del curso *A buen puerto*. Cada unidad está dividida en tres sesiones de trabajo, cada sesión de una duración aproximada de **una hora**, aunque esto dependerá del nivel y las necesidades de cada estudiante. El trabajo de cada sesión cubre distintas áreas de adquisición de vocabulario y está organizado en actividades. Al comienzo de cada unidad hay una breve introducción, seguida de un *Plan de trabajo* que detalla el contenido de cada sesión y de cada actividad.

La primera sesión, *Léxico de la unidad y campos semánticos*, introduce el vocabulario relacionado con el tema. La lectura de cada texto da pie para el trabajo de vocabulario en contexto y para el establecimiento y expansión de los campos semánticos.

La segunda sesión, *Gramática y uso de las palabras*, explora la relación entre léxico y gramática. Los estudiantes tendrán la oportunidad de aprender cómo usar las palabras de manera correcta y adecuada. Se exploran, entre otras cosas, los mecanismos de formación de palabras y las colocaciones más frecuentes.

La tercera sesión, *Léxico y discurso*, se centra en la relación entre los elementos léxicos y la organización del discurso: se practican los elementos que dan coherencia y cohesión al texto, se examina la relación entre vocabulario y registro, y se reflexiona sobre la selección de elementos léxicos de acuerdo a la intención del autor o de la autora. Finalmente, la sesión termina con una actividad donde el vocabulario del tema aparece en usos populares, tales como refranes o locuciones coloquiales.

La sección *¡Fíjate!* ofrece ayuda en forma de consejos para el aprendizaje y reglas sobre el uso de los elementos léxicos, entre otros. Hay secciones de *¡Fíjate!* salpicadas por el libro, allí donde sea apropiado.

Palabras está especialmente diseñado para el autoestudio. Al final del libro se encuentra la clave para todas las actividades.

Cómo usar *Palabras*

Aquellos estudiantes que utilicen *Palabras* como parte de *A buen puerto* encontrarán en el material del curso sugerencias sobre cuándo usar este libro de vocabulario. Sin embargo, la estructura y contenido de *Palabras* permiten que se use como un recurso independiente.

Se asume que los estudiantes tendrán acceso a un buen diccionario bilingüe y a un buen diccionario monolingüe. Algunas actividades se centran específicamente en estrategias para el uso del diccionario y, en general, se hacen continuas llamadas para que se busquen o comprueben significados en el diccionario. Aunque las actividades de este libro están basadas en el *Diccionario Salamanca de la lengua española* (Universidad de Salamanca), las actividades son abiertas, de modo que puedan hacerse con cualquier otro diccionario monolingüe. Se puede acceder al diccionario en línea http://fenix.cnice.mec.es/diccionario/, también al de la Real Academia Española http://rae.es/rae.html y se pueden hacer consultas lingüísticas en http://www.rae.es/RAE/Noticias.nsf/Home?ReadForm.

Es aconsejable hacer los ejercicios escritos directamente en la computadora y usar el corrector de texto para comprobar la gramática y ortografía.

Finalmente, por ser un libro para estudiantes de nivel avanzado, el libro utiliza términos lingüísticos un tanto especializados. Para el que no los conozca *Palabras* ofrece un *Glosario* con los términos que puedan resultar menos conocidos.

Glosario

Las siguientes palabras y expresiones, tal y como se usan en este libro, tienen un significado específico en lingüística.

Abstracto: ver **sustantivo abstracto**.

Acepción: sentido o significado concreto que una palabra recibe cuando se usa. Una palabra puede significar varias cosas; es cuando se usa en un contexto determinado que su sentido o acepción queda claro. Ver también **significado**.

Adjetivo antepuesto: adjetivo que está situado delante del sustantivo (ej. "la *gran* casa").

Adjetivo calificativo: adjetivo que expresa una cualidad del sustantivo al que acompaña (ej. "una luz *brillante*").

Adjetivo pospuesto: adjetivo que está situado detrás del sustantivo (ej. "la casa *grande*").

Anglicismo: palabra o expresión de la lengua inglesa, incorporada a otra lengua.

Antónimo: palabra que tiene un sentido opuesto al de otra (ej. frío – caliente).

Asociaciones: conexiones de ideas o imágenes que ayudan a memorizar o extender el vocabulario. Por ejemplo, pensar en "fuego" trae asociaciones con "calor", "quemar", "rojo", etc., de modo que resulta fácil aprender o repasar el vocabulario asociado con esa palabra. Ver también **lluvia de ideas** y **mapa mental**.

Campo semántico: conjunto de palabras relacionadas entre sí. Por ejemplo, los términos del parentesco: padre, madre, hermano/a, primo/a, abuelo/a, etc.

Causal: se refiere al elemento (oración subordinada, conector) que expresa una circunstancia de causa (ej. "te voy a dejar un pijama, *ya que* se te ha olvidado el tuyo").

Coherencia: es la característica que tiene que ver con la lógica temática de las diferentes partes de un texto y con la progresión de la información que comunica. La coherencia es lo que permite ver cuál es la introducción, el cuerpo o la conclusión de un texto.

Cohesión: es la característica que tiene que ver con la forma como está construido un texto a través de sus marcas lingüísticas, por ejemplo el empleo de pronombres y conectores.

Colocación: palabras que aparecen juntas en determinados contextos; combinación fija de palabras. Por ejemplo, se dice "realizar una operación", pero no "realizar una discusión"; para "discusión", la colocación es "mantener una discusión". Puede que el usar mal una colocación no resulte en un malentendido pero lo que se ha dicho sonará mal o sonará incorrecto.

Coloquial: tipo de habla tal y como brota espontánea en la conversación cotidiana e informal, normalmente con las amistades, la familia y los compañeros de trabajo. Se habla de "uso coloquial", "lenguaje coloquial" y "registro coloquial". En este libro se usa como sinónimo de **informal**.

Concesivo, -va: se refiere al elemento (oración subordinada, conector) que expresa una dificultad u objeción para el cumplimiento de la idea expresada en la frase principal, sin impedir tal cumplimiento (ej. "*aunque* era tarde, los llamamos por teléfono").

Connotación: es el significado que se le atribuye a una palabra más allá de su significado central. Se asocia con las actitudes sociales o emotivas del hablante. Por ejemplo, el verbo "coger" tiene connotaciones sexuales en algunos países de Hispanoamérica, mientras que no es así en el resto de los países hispanoparlantes.

Contexto: la situación lingüística o extralingüística que acompaña a una palabra o un texto. En Palabras el término "contexto" se usa para referirse a: **(a)** la palabra o palabras que acompañan a otra en un texto, por ejemplo una estructura tal como: adjetivo + "para" + infinitivo, y **(b)** el tema o la situación extralingüística en que se encuentra el hablante (ej. en el contexto de la familia, esta palabra significa...).

Derivación: procedimiento de formación de palabras nuevas que consiste en añadir sufijos o prefijos a la raíz de una palabra inicial (ej. crédulo → incredulidad). Las palabras formadas por este proceso se llaman **palabras derivadas**.

Desinencia: terminación que se añade para indicar género y número en los elementos nominales (ej. niño, niñas) o número y persona en los elementos verbales (ej. llegabas, comieron).

Discurso: conjunto de frases dichas o escritas por una o más personas, que forman una unidad. Es por tanto una unidad lingüística mayor que la **oración**, por ejemplo, un párrafo, un artículo de periódico, una conversación, una entrevista, etc. El término **texto** puede ser sinónimo de discurso, pero algunos lingüistas han especializado los términos, de modo que "texto" se refiere a la lengua escrita, el texto escrito, mientras que "discurso" se refiere a la misma unidad en la lengua hablada. En *Palabras* utilizamos "discurso" en su sentido genérico. Se utiliza el título *Léxico y discurso* para la sesión que practica la función y el uso de las palabras en unidades mayores que una frase. Especialmente se estudia la función de los elementos léxicos como creadores de **cohesión** en el discurso o texto. Ver **texto**.

Enclítico: partícula que se liga con el vocablo precedente, formando con él una sola palabra; (ej. los pronombres pospuestos al verbo. *Aconséjame, sosiégate, dícese*).

Entrada de diccionario: cada una de las palabras que un diccionario incluye como cabeza de una definición.

Estilo: variación en el habla o en la escritura de una persona. El estilo varía normalmente de informal a formal, dependiendo de la situación, de las personas a las que el hablante se dirige, al tema que se trata, etc. Se dice, por ejemplo, "estilo coloquial" o "estilo formal". Ver **registro**.

Extranjerismo: palabra o expresión de una lengua que se usa en otra.

Falso amigo: palabra que tiene la misma forma o una forma muy similar en dos lenguas, pero que tiene un significado diferente en cada una; por ejemplo "carpet" en inglés no es equivalente al vocablo español "carpeta".

Familia léxica o **familia de palabras**: conjunto de palabras que poseen una raíz común (ej. útil, utilidad, inútil, inutilidad, sobreutilizar, utilitario, utilizar).

Figurado, -da: ver **metafórico**. Se dice "en sentido figurado".

Formación de palabras: procedimientos que tiene una lengua para crear palabras nuevas. En *Palabras* se tratan sobre todo la **derivación** y la construcción de **palabras compuestas**.

Frase: conjunto de palabras dotadas de significación. También **oración**.

Frase hecha: frase de forma fija, como por ejemplo las locuciones y los refranes.

Hiperónimos e **hipónimos**: la relación entre palabras que se basa en que el significado de una de las palabras incluye el significado de otra. Por ejemplo, en las siguientes palabras relacionadas:

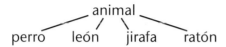

"animal" es el término genérico o hiperónimo, y "perro", "león", "jirafa", "ratón" son los términos más específicos o hipónimos (del griego "hiper-"= "por encima" e "hipo-"= "por debajo").

Intención o **intencionalidad** (de un texto, de una frase): voluntad de decir algo con un fin determinado. La selección de vocabulario en el discurso depende de la intencionalidad de lo que se dice. Por ejemplo, si la intención de una frase es herir al oyente, las palabras usadas serán muy diferentes a cuando se dice sin esa intención específica.

Léxico: 1 (sustantivo) **(a)** conjunto de todas las palabras y locuciones que componen una lengua (ej. el léxico español; los diccionarios recogen el léxico de una lengua); **(b)** vocabulario; *2 léxico, -ca* (adjetivo) referente al vocabulario (ej. riqueza léxica= un vocabulario rico; estudios léxicos= estudios de vocabulario).

Léxico especializado: conjunto de palabras que constituyen el vocabulario específico de una disciplina o de un área de actividad humana.

Lluvia de palabras / ideas: actividad que consiste en intentar generar vocabulario relacionado con una palabra dada o un tema por medio de las asociaciones que esta palabra pueda tener. Esta técnica es efectiva para repasar el vocabulario conocido, para encontrar vacíos de vocabulario, es decir, palabras que no se conocen para ideas que vienen a la mente, o como preparación para una tarea de escritura. También se llama **torbellino de palabras / ideas**.

Locución: expresión fija cuyo sentido no se puede deducir de las palabras que la forman. Las locuciones pueden desempeñar el papel de adjetivos, adverbios, preposiciones y conjunciones. Por ejemplo "de repente" es una locución adverbial.

Mapa mental o **mapa de ideas**: representación gráfica de palabras asociadas, a menudo como resultado de una **lluvia** o **torbellino de ideas**, o como tarea de preparación para la escritura. También se llama **red semántica**.

Matiz: variación sutil del sentido que puede tener una palabra. Se dice, por ejemplo, "tiene un matiz peyorativo" o "estas palabras tienen un significado general común, pero se pueden distinguir matices diferentes".

Metafórico, -ca: sentido de una palabra que no es el propio o central, sino figurado. Por ejemplo, cuando se dice de alguien que "es un cascabel", se toma la connotación de ruido y alegría; "cascabel" aquí tiene un uso metafórico.

Modismo: es una frase hecha que se aprende como una estructura fija. Su sentido no se puede deducir de las palabras que la forman. Los modismos se diferencian de las **locuciones** propiamente dichas en que no desempeñan necesariamente funciones gramaticales, como por ejemplo: "no da pie con bola", que significa que alguien es un poco torpe, que no logra desempeñarse en lo que tiene que hacer. El modismo da un significado de frase completo.

Neologismo: palabra o expresión nueva en una lengua.

Oración: unidad de organización gramatical formada por una o más **palabras** y que tiene un sentido completo. También **frase**. Como tal, la oración es mayor que la palabra. Las unidades mayores que la oración (por ejemplo el **párrafo**) son consideradas ejemplos de **discurso**. El estudio de las oraciones se llama **sintaxis**.

Palabra: la unidad lingüística más pequeña que puede aparecer aislada en la lengua oral o escrita.

Palabra compuesta: palabra resultante de la combinación de dos o más palabras que funcionan como una sola. Por ejemplo, el adjetivo compuesto "boquiabierto" o el sustantivo compuesto "sacacorchos".

Palabra derivada: palabra formada por **derivación**, es decir añadiendo **sufijos** o **prefijos** a la **raíz** de una palabra inicial (ej. des*ilusion*ado).

Palabra técnica: ver **tecnicismo**.

Párrafo: cada una de las partes de un escrito separada por un punto y aparte. Se trata de una unidad de organización del lenguaje escrito, ya que cada párrafo desarrolla una idea principal del texto. El párrafo está formado por varias **oraciones** y, como tal, es una unidad a nivel de **discurso**.

Parte de la oración: la clasificación de los tipos de palabras más frecuente es la que se basa en las partes de la oración: el sustantivo, el verbo, el adjetivo, la preposición, el pronombre, el artículo, el demostrativo, la conjunción, la interjección, etc.

Prefijo: letra, grupo de letras o partícula que se añade al principio de una palabra y que cambia el significado o función de la misma (ej. crédulo / *in*crédulo, moral / *a*moral). Ver también **sufijo** y **derivación**.

Préstamo: palabra que una lengua toma de otra (por ejemplo la palabra "póster" es un préstamo del inglés). Ver también **anglicismo** y **extranjerismo**.

Raíz: parte de la palabra que constituye su forma básica (ej. des*ilusion*ado, *niñ*o). Nótese que todas las palabras de la misma familia léxica deben tener la misma raíz de origen (ej. *fiel*, in*fiel*, *fidel*idad, in*fidel*idad). **Red semántica**: ver **mapa mental**.

Referencia en el discurso: la relación entre una palabra o frase y otro elemento al que representa. Los procedimientos que tiene la lengua para hacer referencia a otros en el discurso (un texto, una conversación, etc.) son aquellos que sirven para dejar claro en todo momento de qué se está hablando. Ver **referente**.

Referente: elemento al que se refiere una frase o una palabra. Por ejemplo, en "Doña María era todo un personaje. Tuve la suerte de conocer*la* cuando era joven", el referente de "la" en la segunda frase es "Doña María". Ver **referencia en el discurso**.

Régimen preposicional de los verbos: preposición que debe acompañar obligatoriamente a un verbo, por ejemplo, "referirse" debe ir acompañado de "a".

Registro: variación en el habla o en la escritura de una persona para adaptarla a la situación comunicativa. Se habla de tres registros básicos: informal, neutro y formal, pero normalmente se especifica más (académico, vulgar, etc.), incluso para indicar el modo de hablar de profesionales que comparten una misma ocupación: registro legal, médico, etc. Un registro se puede distinguir de otros por el nivel del vocabulario que usa (coloquialismos, palabras cultas, etc.) y por el uso de vocabulario más o menos especializado. También las estructuras gramaticales y la pronunciación varían con el registro. Ver **estilo**.

Sentido: ver **acepción**.

Significado: concepto representado por una palabra. Contenido semántico de una palabra (ej. no sé el significado de la palabra "bohío"= no sé lo que quiere decir "bohío").

Sinonimia: coincidencia de significado entre dos o más vocablos, llamados sinónimos. Se habla de "relaciones de sinonimia", de "la sinonimia de las palabras", etc.

Sinónimos: vocablos o expresiones que tienen una misma o parecida significación. Como tal, las palabras sinónimas pueden usarse como alternativas para evitar la repetición. Ver también **antónimo**, **hiperónimo** e **hipónimo**.

Sintaxis: parte de la gramática que estudia cómo se combinan las palabras para formar oraciones. Ver **oración**.

Sufijo: letra, grupo de letras o partícula que se añade al final de una palabra, y que cambia el significado o función de la palabra (ej. incrédulo / incredul*idad*, blanquear / blanque*amiento*). Ver también **prefijo** y **derivación**.

Sustantivo abstracto: sustantivo cuyo significado es un concepto abstracto, es decir un concepto que solo se percibe con la razón (ej. verdad, belleza, consecuencia) o sustantivo que se refiere a una acción (ej. llegada, explosión). Se opone a **sustantivo concreto**.

Sustantivo concreto: sustantivo que designa a objetos que se perciben por los sentidos (ej. madera, llave, coche).

Tecnicismo: palabra propia de una disciplina, arte o profesión. También **palabra técnica**.

Término: palabra que es propia de una ciencia, un arte o una actividad (ej. los términos médicos forman un léxico muy especializado que la mayor parte de los hablantes desconocen).

Texto: discurso; segmento de la lengua hablada o escrita. En este libro se utiliza este término como unidad lingüística escrita mayor que la oración.

Torbellino de palabras / ideas: ver **lluvia de palabras / ideas**.

Vocablo: ver **palabra**.

Vocabulario: **1** conjunto de todas las palabras de una lengua, **léxico** (ej. "el vocabulario del inglés es extensísimo"; **2** conjunto de palabras usadas por un hablante, un grupo de hablantes, una región o un área del saber. (ej. "el vocabulario andaluz", "el vocabulario médico", "el vocabulario de un niño de tres años".

Culturas

Esta unidad se basa en el intercambio cultural entre Hispanoamérica y Europa. En las dos primeras sesiones aprenderás vocabulario relacionado con el tema, cómo usarlo, y las reglas gramaticales que rigen algunas de las palabras. En la tercera sesión tendrás oportunidad de referirte a ideas ya mencionadas en un texto sin tener que recurrir a la repetición de palabras.

Plan de trabajo

Sesión 1: Léxico de la unidad y campos semánticos

Actividad 1.1	Descripción de grupos sociales y culturales
Actividad 1.2	El campo semántico de los alimentos
Actividad 1.3	Los gentilicios
Actividad 1.4	Cuándo y cómo usar el diccionario

Sesión 2: Gramática y uso de las palabras

Actividad 1.5	Prefijos y sufijos
Actividad 1.6	Locuciones con el verbo "dar"; estrategias de sustitución por verbo de significado similar
Actividad 1.7	Régimen preposicional de algunos verbos

Sesión 3: Léxico y discurso

Actividad 1.8	Unión de elementos con la conjunción "y"
Actividad 1.9	Diferentes modos de referirse a algo ya mencionado en el texto
Actividad 1.10	Uso de términos generales (hiperónimos) o específicos (hipónimos)
Actividad 1.11	Cohesión temática del texto a través de los verbos
Actividad 1.12	Refranes referentes a la idea de patria y las tierras extrañas

Sesión 1 — Léxico de la unidad y campos semánticos

Actividad 1.1 _____

En esta actividad practicarás cómo referirte a grupos sociales o culturales que muestran ciertas características comunes.

1 En el siguiente recuadro tienes los nombres de varios grupos culturales.

   Clasifícalos de acuerdo a los criterios de la tabla que viene a continuación.

> los vegetarianos • los hispanohablantes • los cristianos • los agnósticos • los andaluces • los que llevan una alimentación mediterránea • los caribeños • los consumidores de comida rápida • los mayas • los que no prueban el alcohol • los hindúes • los angloparlantes • los judíos • los hablantes de aymara • los vascos • los musulmanes • los que tienen alergia a los lácteos

Alimentación	Lengua	Religión	Origen
los vegetarianos		los cristianos	

2 Ahora intenta describirte a ti mismo/a en relación a los grupos sociales y culturales a los que perteneces. ¿Qué otros criterios se te ocurren?

Actividad 1.2 _____

Uno de los aspectos que más caracterizan a las diversas culturas son los alimentos. En esta actividad trabajarás sobre este campo semántico.

1 Lee el primer párrafo del texto que tienes a continuación e identifica los cultivos o animales que se mencionan. Haz dos listas, una con los productos europeos (o africanos) y otra con los productos americanos.

Productos traídos del Viejo Mundo	Productos originarios del Nuevo Mundo
trigo…	

Historia de la cultura en la América Hispánica

La cultura que los españoles y portugueses implantan en el Nuevo Mundo no podía, desde luego, mantenerse idéntica a su tipo de origen. Ante todo, el simple trasplante obligaba a los europeos a modificarla inconscientemente para adaptarla a nuevos suelos y a nuevas condiciones de vida, exactamente como ocurrió en las colonias inglesas que dieron origen a los Estados Unidos. Además, las culturas indias ejercieron influencias varias sobre los europeos trasplantados. La Conquista decapitó esas culturas nativas: hizo desaparecer la religión, las artes, la ciencia (donde la había), la escritura (entre los mayas y los aztecas); pero sobrevivieron muchas tradiciones locales en la vida cotidiana y doméstica. Hubo fusión de elementos europeos y elementos indígenas, que dura hasta nuestros días. La alimentación era, y es, europea en parte, en parte nativa. Los conquistadores y colonizadores trajeron del Viejo Mundo el trigo, el arroz, el café, la naranja, la manzana, la pera, el durazno o melocotón, el higo, la caña de azúcar, entre tantas otras plantas; trajeron el caballo, la vaca, el cerdo, el carnero, la gallina; importaron de África el banano, el ñame y la pintada o gallina de Guinea. Adoptaron de los aborígenes el maíz —que todavía no se emplea como alimento humano en muchos países de Europa— la papa, la batata, el cacao, la yuca, el tomate, el maní, la enorme variedad de las frutas tropicales —desde el ananás o piña hasta la guayaba— , el pavo, la perdiz nativa, y con ellos recibieron los métodos culinarios de los indios. Así, junto al pan de trigo subsisten las tortas o tortillas de maíz en México, en la América Central y además en parte de Colombia, y el cazabe, hecho de yuca, en las Antillas. En muchos países la alimentación campesina de origen vegetal mantiene su base indígena: en México predominan el maíz, los frijoles, el chile o ají, el cacao o el maguey (de donde se saca el pulque), con la adición extranjera del arroz y el café; en las Antillas, a pesar de que ya no hay indios puros, el maíz, los frijoles, el ají, el cacao, la yuca, la batata, el ñame, el arroz y el café; en el Perú, el maíz, la yuca (allí denominada mandioca), la papa y el ulluco; en el Brasil, la yuca y el maíz. "La mandioca", dice el sociólogo pernambucano Gilberto Freyre, "es el alimento fundamental del brasileño (en el campo), y la técnica de su elaboración permanece casi idéntica a la de los indígenas". En la agricultura se han conservado, junto a las técnicas europeas, métodos indígenas como los cultivos en terrazas con muros de contención ("pircas") en terrenos inclinados, y la fertilización de las tierras con el guano.

En las ciudades, mientras se construían casas, palacios, fortalezas y templos, al estilo de los países del Mediterráneo, se mantenía la choza nativa (la gran arquitectura desapareció), el rancho, el "bohío" (nombre de las Antillas), el "jacal" (nombre de México). Ahora estos edificios modestos están desterrados de las ciudades (donde a veces los ha sustituido una construcción muy inferior, de lámina de metal, comúnmente llamada zinc) y solo subsisten en los pueblos pequeños y en los campos. De los materiales nativos de construcción, se emplean muchas clases de piedra, como el tezontle rojo oscuro y la chiluca gris clara de México, y muchas maderas, como la caoba y el jacarandá, hoy más frecuentes en muebles que en edificios.

Entre las industrias indígenas sobrevive el tejido, especialmente en ponchos y sarapes, el calzado (sandalias), las esteras, las hamacas, los cestos; igualmente la alfarería y la orfebrería, que mantienen toda su extraordinaria variedad, mezclando la tradición nativa con la europea.

La fusión de elementos europeos y elementos nativos alcanza a las artes plásticas (arquitectura, escultura, pintura), donde el indio, dirigido por maestros europeos, introdujo pormenores característicos que dan fisonomía peculiar a las obras.

Esta fusión aparece también en el teatro. Cuando los misioneros organizaron representaciones dramáticas que ayudasen a instruir a los indios en la doctrina cristiana, combinaron los recursos, no muy amplios, del teatro religioso medieval de Europa con los del teatro indígena. El teatro en lenguas indígenas se mantiene hasta hoy, especialmente en Yucatán y en el Paraguay.

(Adaptado de P. Henríquez Ureña (1959)
Historia de la cultura en la América Hispánica,
Fondo de Cultura Económica, México-Buenos
Aires)

2 Ahora clasifica las palabras que has identificado según las categorías que se ofrecen a continuación.

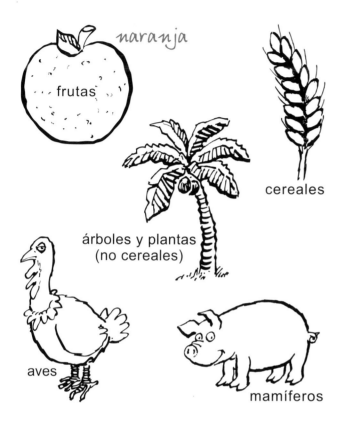

naranja

frutas

cereales

árboles y plantas (no cereales)

aves

mamíferos

3 Trata de explicar a un amigo qué son los siguientes productos: yuca, ñame y guayaba. Utiliza la expresión "es una clase de", "es un tipo de" o "es una especie de".

Ejemplo

La perdiz es un tipo de ave que proviene originariamente de América.

Actividad 1.3

En esta actividad vas a recordar y a aprender algunos gentilicios (sustantivos y adjetivos con los que se designa a los habitantes de un pueblo, ciudad o país) relacionados con países latinoamericanos.

Busca el nombre que se da normalmente a los naturales de los siguientes países. Usa un diccionario monolingüe o bilingüe para clarificar cualquier duda.

Argentina	Honduras	México ......
Colombia	Antillas	Perú......
Guatemala	Costa Rica	Panamá ......
Uruguay	Bolivia	Ecuador ......
Puerto Rico	Brasil	Chile ......
El Salvador	Cuba	Venezuela ......
Nicaragua	Paraguay	República Dominicana.....

Actividad 1.4

En esta actividad vas a practicar algunas estrategias que te ayudarán a decidir cuándo usar el diccionario.

1 Lee el siguiente párrafo extraído del texto en la actividad 1.2, fijándote en las palabras realzadas en negrita. ¿Puedes identificar a qué tipo de objetos se refieren las palabras que no conoces? ¿Qué pistas te da el texto para deducir significados que no conoces?

> Entre las industrias indígenas sobrevive el **tejido**, especialmente en **ponchos** y **sarapes**, el **calzado** (**sandalia**s), las **esteras**, las **hamacas**, los **cestos**; igualmente la **alfarería** y la **orfebrería**, que mantienen toda su extraordinaria variedad, mezclando la tradición nativa con la europea.

¡Fíjate!

Recuerda que las palabras aparecen en un contexto determinado, el cual puede ayudarte a adivinar lo que las palabras significan. En este caso la relación entre las palabras te ayudará a deducir significados. Otra estrategia útil es utilizar tu experiencia del mundo y conocimiento de otras lenguas en caso de que alguna palabra te recuerde otra que conoces.

2 Ahora decide cuáles son las palabras que necesitas buscar en el diccionario.

¡Fíjate!

¿Cómo decidir qué palabras buscar en el diccionario? Esto depende en gran parte del propósito de la lectura (si es necesario entenderlo en gran detalle o si se busca solamente una comprensión general) o del tipo de texto (un artículo, un informe, una novela, etc.).

(a) Recuerda que hay palabras que son más importantes que otras y sin las cuales no se puede entender lo esencial del texto. Si después de leer uno o dos párrafos sientes que se te escapa el sentido general, es hora de buscar las palabras clave.

(b) En cuanto a las palabras secundarias, es posible que las estrategias anteriores te ayuden a hacerte una idea general de su significado y que eso te sea suficiente.

(c) Recuerda que eso no quiere decir que todas las palabras deban memorizarse. Tu objetivo debe ser adquirir el vocabulario más amplio posible pero tus necesidades e intereses particulares te obligarán a hacer una selección.

Sesión 2 Gramática y uso de las palabras

Actividad 1.5

En esta actividad vas a aprender algunos prefijos y sufijos que te serán útiles para ampliar tu vocabulario y recordar palabras nuevas.

¡Fíjate!

Como sabes, las palabras tienen su raíz. Esta es la base léxica a la que se añaden prefijos y sufijos derivativos, es decir partículas que van antes o después de la raíz para formar palabras nuevas, por ejemplo: "vivir" → "**sobre**vivir", "vivi**dor**". Saber el significado de los prefijos y los sufijos es útil para comprender palabras que quizá nunca habías oído antes.

Nota: No todo lo que sigue a una raíz es siempre un sufijo derivativo. Por ejemplo, tanto las terminaciones que indican género y número en los sustantivos y adjetivos como las terminaciones que indican las formas verbales y la persona y el número en los verbos son un tipo diferente de sufijos (sufijos flexivos).

1   Identifica la raíz, los prefijos y sufijos de las siguientes palabras extraídas del texto de la Sesión 1, como en el ejemplo.

	Prefijo	Raíz	Sufijo
trasplante	tras-	plant	-e
implantan			
sobrevivir			
inconscientemente			
desaparecer			
inaccesible			
alimentación			
conquistador			
importar			
predominar			
orfebrería			

2   A continuación tienes algunos de los prefijos y sufijos más conocidos.

Repásalos si no los conoces ya.

¡Fíjate!

in- tiene dos significados diferentes:

(a) negación, por ejemplo en: inaguantable, inaccesible. **In-** se convierte en **im-** or **i-** según se encuentre antes de "p" o "b", y "l" o "r" respectivamente: imbebible, imposible, ilegible, irregular.

(b) interior, hacia dentro: indoctrinar. También en este caso **in-** se convierte en **im-** si está antes de "p" o "b": importar.

tras- o **trans-** (o **tra-**) significa "más allá (de)", "al otro lado de" o "a través de": transportar, trasatlántico. También encierra sentido de transformación o cambio: transexual.

sobre- significa "por encima de" o "en exceso": sobredosis = por encima de la dosis; sobrehumano = por encima de lo humano.

des- significa acción inversa o "lo contrario de" (honesto – deshonesto) o también "fuera de": desterrar = sacar fuera del país; desproporción = falta de debida proporción.

sub- significa "(por) debajo de" o "inferioridad": subsuelo = lo que está por debajo del suelo; subnormal = por debajo de la normalidad.

-mente significa "de manera": perfectamente = de manera perfecta.

-ble o **-ible** significa "capacidad" o "posibilidad": demostrable = que se puede demostrar; comible = que se puede comer.

-ción significa "acción o resultado de": reparación.

-ería, **-ía** o **-aría** tiene varios significados, entre ellos "tienda", "librería", "zapatería" y "oficio": alfarería, cestería.

-dor o **-dora** significa "(objeto o persona) que realiza la acción": jugador/a, lavadora, diseñador/a.

3 Ahora toma algunas de las palabras de la columna central de la siguiente tabla y utilizándolas como base crea tantas palabras como puedas en tres minutos, con la ayuda de los prefijos y sufijos que aparecen en las otras dos columnas.

Ejemplo

agradecido: *agradecidamente, desagradecido, desagradecidamente*

Prefijos		Sufijos
in- , **im-** o **i-**	agradecido	-ble o -ible
	trabajar	
	producto	
tras-, **trans-** o **tra-**	continental	-ción
	creer	
	cargar	
	coherente	-ería, -ía o -aría
sobre-	colonizar	
	consciente	
	conserje	
des-	sexual	-dor o -dora
	joyero	
	practicar	
sub-	entender	-mente
	prohibir	
	producir	

Actividad 1.6

En esta actividad vas a aprender expresiones casi sinónimas a otras formadas a partir del verbo "dar".

¡Fíjate!

Saber palabras y expresiones sinónimas (de significado similar) es muy útil para evitar repeticiones y para que tu lenguaje sea más rico e interesante. Por ejemplo:

—¿Entonces, tú crees que su comportamiento fue lo que **dio origen** al distanciamiento de sus hermanos?

—Sí, claro, eso fue lo que lo **provocó**.

En este ejemplo "dar origen" y "provocar" funcionan como expresiones no totalmente sinónimas pero sí intercambiables en el contexto.

Los verbos que aparecen en el recuadro siguiente pueden sustituir a expresiones con el verbo "dar" en algunos contextos.

Completa cada una de las siguientes oraciones con el verbo más adecuado.

> suponer • alcanzar • encontrar • autorizar • definir

(a) —¿Pensadores como Bolívar **dieron forma** a los proyectos de independencia de los países latinoamericanos?

—Sí, así es, pensadores como él ...... los movimientos independentistas.

(b) —¿Crees que sus padres **darán el visto bueno** para que estudie en la Universidad de Quito?

—Sí, estoy segura de que lo ....

(c) —**He dado por supuesto** que ya no están enfadados y los he invitado a la fiesta juntos.

—Creo que (tú) ...... mucho: los acabo de ver discutiendo.

(d) —El presupuesto ya no **da más de sí** y habrá que recortar gastos.

—Pues tiene que ...... hasta finales de año.

(e) —Por más que sigas buscando, nunca **darás con** la solución.

—¡Claro que la ...... ! Ya lo verás.

Actividad 1.7

En esta actividad vas a practicar el régimen preposicional de algunos verbos.

1   Une los verbos del círculo de la izquierda con las preposiciones del círculo de la derecha. Consulta el diccionario monolingüe en caso de duda.

2   Ahora transforma el siguiente párrafo sobre el flamenco usando los verbos y preposiciones apropiadas del paso anterior, en lugar de las palabras o expresiones en negrita. No olvides conjugar los verbos en la forma adecuada.

El flamenco no es solo el mecanismo de la guitarra. El flamenco no (a) **es solo** la guitarra, el baile o el cante. Es una manera de sentir, de vivir, de entender el mundo. Los gitanos llevan (b) **trabajando a favor de** la defensa del flamenco en la sociedad desde hace muchos años. El flamenco es una expresión básica de Andalucía, un elemento fundamental de su identidad. Todas las clases populares andaluzas (c) **han aportado** a la creación de esta música popular y popularizada: los jornaleros, obreros o artesanos. En Andalucía se encuentran, pues, las claves históricas, sociales y culturales que explican este tipo de música. Sin embargo, el flamenco (d) **es similar a** formas musicales hindúes, bizantinas, hebraicas y mozárabes. Así, en la actualidad, se reconoce que el flamenco (e) **está formado por** una música de mezcla, una mezcla de culturas. En lo político, podemos decir que ha sido un arma de poder. Aunque muchos (f) **se hayan tomado su tiempo en** reconocer el valor político del flamenco.

Sesión 3 Léxico y discurso

Actividad 1.8

En esta actividad vas a analizar cómo el modo en que un texto está construido te da "pistas" o claves para tu comprensión.

1   A continuación tienes cuatro ejemplos donde "y" es el elemento de unión. Fíjate cómo la conjunción "y" une dos elementos paralelos y de estructura similar. Estudia los ejemplos y contesta: ¿por qué se utiliza "y" como nexo de unión?, ¿qué se puede concluir de la función o "estatus" de los elementos unidos por "y"?

> Los españoles **y** los portugueses colonizaron partes de América del Sur.
>
> Todos no se adaptaron a los nuevos suelos **y** a las nuevas condiciones.
>
> Los estudiantes extranjeros **y** los que tienen suficientes recursos deben pagar matrículas altas.
>
> Es importante ver la situación de cada país **y** tener en cuenta que cada uno tiene necesidades diferentes.

¡Fíjate!

Recuerda que la conjunción "y" siempre une elementos equivalentes entre sí. El uso de estructuras paralelas (unidas por "y") te ayuda a comprender no solo el vocabulario, sino el estatus de estos elementos en el texto. Es decir, los elementos unidos por "y" están al mismo nivel dentro del texto y esto te ayuda a comprender cómo deben leerse.

2   A continuación tienes unas frases incompletas. Piensa en una palabra que a tu juicio sea coherente con lo dicho sobre la estructura con "y":

Ejemplo

Perdieron el partido. Salieron del campo tristes y *cabizbajos / deprimidos / cansados*.

(a)   El capitán del barco gritó: "¡Las mujeres y los ...... primero!"

(b)   Nacer y ......, todo es parte de la vida.

(c)   Mi bisabuelo era barrendero. Nadie mejor que él conocía las calles y ...... del pueblo.

(d)   A principios de siglo la mayor parte de las mujeres se dedicaban a cuidar la casa y ....

(e)   Felices y ...... por haber llegado a la cima, los montañeros iniciaron lentamente el descenso hacia el campamento base.

Actividad 1.9

En esta actividad vas a practicar algunas expresiones que hacen referencia a elementos que han aparecido previamente en el texto de la Sesión 1.

1   Lee las siguientes frases y señala a qué se refieren las palabras en **negrita**.

Ejemplo

En la frase "Combinaron los recursos del teatro religioso medieval de Europa con **los** del teatro indígena", **los** se refiere a "los recursos".

(a) La cultura que los españoles y portugueses implantan en el Nuevo Mundo no podía, desde luego, mantenerse idéntica a su tipo de origen. Ante todo, el simple trasplante obligaba a los europeos a modificar**la** inconscientemente para adaptar**la** a nuevos suelos y a nuevas condiciones de vida.

(b) Entre las industrias indígenas sobrevive la artesanía del tejido, especialmente en ponchos y sarapes. **Esta**, junto a la orfebrería y a la alfarería, mezcla la tradición nativa con la europea.

(c) En las ciudades, mientras se construían casas, palacios, fortalezas y templos, al estilo de los países del Mediterráneo, se mantenía la choza nativa, el rancho, el bohío, el jacal. Ahora **estos edificios modestos** están desterrados de las ciudades (donde a veces **los** ha sustituido una construcción muy inferior).

2 Lee la explicación que viene a continuación y di qué recursos de referencia se utilizan en las frases del paso anterior.

¡Fíjate!

Un texto (tanto oral como escrito) usa diferentes expresiones lingüísticas para hacer referencia a un mismo objeto, persona, acción, idea, etc. He aquí algunos de los recursos:

* repetir la misma palabra

* utilizar un sinónimo o antónimo

* usar una palabra más general o más específica

* utilizar pronombres ("lo", "la", etc.)

* utilizar demostrativos ("este", "ese", etc.)

3 Modifica la segunda parte de las siguientes afirmaciones, evitando la repetición de palabras.

Ejemplo

En las ciudades se construían grandes casas y edificios modestos. Los edificios modestos están ahora desterrados de las ciudades.

Estos últimos están ahora desterrados de los núcleos urbanos.

("**estos últimos**" se refiere a "los edificios modestos"; "**los núcleos urbanos**" sustituye a "las ciudades").

(a) Las culturas indias ejercieron influencias muy variadas sobre la cultura europea pero la Conquista decapitó las culturas indias.

(b) La mandioca es el alimento fundamental del brasileño y la técnica de su elaboración actualmente permanece casi idéntica a la técnica de elaboración que usaban los indígenas.

(c) La fusión de elementos europeos y elementos nativos alcanza a las artes plásticas. La fusión aparece también en el teatro.

(d) Los conquistadores adoptaron animales de los aborígenes. También adoptaron de los aborígenes muchas plantas y frutos.

Actividad 1.10

En esta actividad vas a aprender a identificar y usar términos generales (hiperónimos) que incluyan diversos términos más específicos (hipónimos).

¡Fíjate!

Fíjate en este diálogo:

—¿En México se utiliza todavía **el tezontle rojo oscuro** y **la chiluca gris** en la construcción?

—Sí, todavía se emplean muchas clases de **piedra** nativa.

—¿Y qué otros **materiales** nativos de construcción se utilizan?

—**Maderas** como **la caoba** y **el jacarandá**.

Los términos específicos y generales ayudan a evitar las repeticiones y dar cohesión a lo que se está diciendo.

1 Identifica el término intruso en cada una de las siguientes series de palabras y luego contesta: ¿qué tienen en común los cuatro términos intrusos?

(a) caballo • vaca • mamífero • cerdo

(b) granito • piedra • chiluca gris • tezontle

(c) pino • cacao • árbol • roble

(d) frijoles • arroz • cultivo • guayabo

2 Completa los mini diálogos que vienen a continuación utilizando un término más general que agrupe a los más específicos en negrita:

Ejemplo

—¿Además de **la naranja, la manzana, el trigo y el arroz** que los conquistadores trajeron consigo, estos adoptaron de los aborígenes **la papa, la batata, el cacao y el tomate**?

—Sí, *los cultivos* eran en parte europeos y en parte nativos.

(a) —Todavía se mantienen **los cultivos en terrazas con muros de contención en terrenos inclinados y la fertilización de tierras con el guano**, ¿verdad?

—Sí, se han conservado algunos ...... en la agricultura.

(b) —¿Se construían **casas, palacios, fortalezas** y **templos** a estilo de los países del Mediterráneo?

—Sí, los conquistadores levantaron ...... de ese tipo.

(c) —Hoy en día se siguen elaborando **ponchos** y **sarapes**?

—Sí, la ...... ha sobrevivido.

3 Ahora completa los siguientes mini diálogos pero esta vez utilizando términos más específicos que el término general en negrita:

Ejemplo

—¿**El teatro** era de corte únicamente europeo?

—No exclusivamente, pues *las representaciones dramáticas* combinaron el teatro medieval europeo con el indígena.

(a) —¿Se siguen construyendo **edificios nativos** en las ciudades?

—No, ahora edificios nativos como ...... solo subsisten en pueblos y campos.

(b) —¿Qué **materiales de construcción** aborigen se siguen empleando?

—Muchas clases de ...... y de ....

(c) —¿Entonces, la influencia europea domina **las artes plásticas**?

—No, ya que el indio introdujo características especiales en ....

Actividad 1.11 _____

En el texto estudiado en la primera sesión, "Historia de la cultura en la América Hispánica", se exploraron los conceptos de intercambio e influencia entre sociedades afectadas por una fusión cultural. En esta actividad vas a ver cómo tales conceptos se manifiestan, a través de una serie de verbos. Esto ayuda a darle cohesión interna al texto, manteniendo a la vez la unidad temática a través del vocabulario.

1   Sin mirar el texto, ¿podrías recordar algunos de los verbos que implican una relación de cambio, influencia o intercambio entre dos culturas que se mezclan?

2   Ahora ve al texto y busca otros verbos que comuniquen conceptos similares a los indicados en el paso anterior.

3   Completa las siguientes frases con el verbo que te parezca apropiado.

(a)   Los europeos ...... al Nuevo Mundo su religión y su cultura.

(b)   Europa por su parte ...... un sinnúmero de productos alimenticios que antes desconocía.

(c)   Las culturas europeas y las americanas ......

(d)   Quizá lo más triste que ...... la Conquista es la desaparición de muchas culturas nativas de América.

(e)   El maíz, la papa y el cacao ...... del Nuevo Mundo mientras que el trigo, el arroz y el café ...... del Viejo Mundo.

4   Completa las siguientes frases utilizando el verbo adecuado. Fíjate bien en los matices específicos de cada uno y consulta un diccionario monolingüe en caso de duda.

(a)   El nuevo Presidente ...... la ley marcial para el otoño.

(i)   traerá

(ii)   adaptará

(iii)   implantará

(iv)   importará

(b)   Los colonos quisieron ...... las instituciones de sus países de origen a la nueva tierra.

(i)   trasplantar

(ii)   compartir

(iii)   implantar

(iv)   adoptar

(c)   Supieron ...... métodos tradicionales a las nuevas necesidades.

(i)   adoptar

(ii)   adaptar

(iii)   recibir

(iv)   implantar

(d)   ...... la nacionalidad mexicana tras dos años de espera.

(i)   Importó

(ii)   Introdujo

(iii)   Adoptó

(iv)   Adaptó

(e)   El año pasado ...... diez mil millones de toneladas de papel.

(i)   se introdujeron

(ii)   se importaron

(iii)   se implantaron

(iv)   se trasplantaron

(f) Con el descubrimiento del Nuevo Mundo ...... nuevos alimentos en Europa como la patata, el aguacate, el tomate o el chocolate.

(i) se introdujeron

(ii) se combinaron

(iii) se implantaron

(iv) influyeron

(g) Los indígenas americanos ...... sus costumbres con la tradición mediterránea.

(i) introdujeron

(ii) mezclaron

(iii) adaptaron

(iv) influyeron

Actividad 1.12

Un poco de sabiduría popular. Aquí tienes una serie de refranes que hablan de la patria y de las tierras extrañas. Léelos e intenta comprender lo que significan. Luego mira las explicaciones e indica la que corresponde a cada refrán.

(a) "Donde fueres, haz lo que vieres".

(b) "Más vale (lo) malo conocido que (lo) bueno por conocer".

(c) "Al buen varón, tierras ajenas su patria le son".

(d) "Esa es mi patria, donde todo me sobra y nada me falta".

(e) "Quien necio es en su villa, necio es en Castilla".

(f) "La tierra que el hombre sabe, esa es su madre".

(i) Las personas se sienten más parte del lugar en que viven que del lugar en que nacen.

(ii) El hombre cabal y trabajador, aunque esté en el extranjero, echa raíces y prospera.

(iii) Fíjate cómo se comportan las gentes del lugar, y compórtate del mismo modo.

(iv) El tonto lo es en todas partes.

(v) Es mejor no cambiar una persona o cosa ya conocida y experimentada por otra que no se conoce ya que el cambio puede ser peor.

(vi) Para algunos la idea de la patria es la de una vida agradable y con comodidad.

(Adaptado de L. Junceda (1994) *Diccionario de refranes*, Espasa-Calpe, Madrid)

Arte

Esta unidad trata del léxico del mundo de las artes, especialmente el relacionado con la pintura. Aprenderás algunas estrategias de adquisición de vocabulario y practicarás el uso de las palabras de manera apropiada en el contexto del arte.

Plan de trabajo

Sesión 1: Léxico de la unidad y campos semánticos

Actividad 2.1	Vocabulario relacionado con las artes
Actividad 2.2	El campo semántico de la producción pictórica
Actividad 2.3	Vocabulario de los lugares relacionados con la producción y representación artísticas
Actividad 2.4	El campo semántico de la pintura

Sesión 2: Gramática y uso de las palabras

Actividad 2.5	Palabras casi sinónimas; cómo expresar el estilo de un/a artista
Actividad 2.6	Colocaciones; descripción de artistas y su obra
Actividad 2.7	Cómo expresar cualidades a través de sustantivos abstractos
Actividad 2.8	Régimen preposicional de algunos verbos
Actividad 2.9	Frases idiomáticas que usan vocabulario del arte

Sesión 3: Léxico y discurso

Actividad 2.10	Referencias al tiempo en las biografías
Actividad 2.11	Adjetivos antepuestos y pospuestos
Actividad 2.12	Expresiones para reemplazar adverbios terminados en "-mente"

Sesión 1 Léxico de la unidad y campos semánticos

Actividad 2.1

Comenzarás la sesión aprendiendo palabras relacionadas con las distintas manifestaciones del arte.

Observa el siguiente mapa mental que representa algunas ramas de las artes y añade toda la información que puedas. No pases mucho tiempo en ello. Escribe las palabras que se te ocurran espontáneamente.

Por ejemplo, el término "romance" se englobaría dentro de "poesía". Asimismo, se pueden abrir otras subcategorías: por ejemplo, de "pintura" podrían salir "técnica" y "estilos".

Actividad 2.2

En esta actividad vas a seguir aprendiendo palabras relacionadas con el arte, esta vez algo más especializadas.

1 Agrupa las palabras en las casillas correspondientes.

arena	resina	museo	cuero	artesano/a
mármol	esgrafiado	barro	cincel	escultor/a
caballete	diseñador/a	fresco	lienzo	sala
pastel	modelo	lápiz	bronce	acrílico
galerista	óleo	ceramista	grabado	
cemento	galería	paleta	pigmento	

Lugares	Materiales	Herramientas	Profesionales	Técnicas
	acrílico		diseñador/a	esgrafiado

2   Lee los siguientes extractos sobre la vida y obra de los artistas colombianos Gonzalo Ariza y Fernando Botero y añade las palabras que puedas a la tabla del paso 1.

Gonzalo Ariza

(1912–1995)

Nació en Bogotá en 1912 y estudió —como la mayor parte de los artistas bogotanos de su tiempo— en la Escuela de Bellas Artes. En una primera etapa comprometió su pintura con ideales sociales ejecutando dentro de esta línea obras de muy escaso valor. Una beca oficial le permitió entre 1930 y 1940 estudiar en el Japón con los maestros Maeda y Fujita y quedar influido por las características del arte Soetsu Yanagi, tan conocido por los suaves esfumados y el poético empleo del espacio. A partir de entonces no le abandona su sentido de lo brumoso, que él aplica sobre todo con acierto al paisaje de los fríos páramos andinos y aún al de los cafetales de clima cálido. Ariza es paisajista por excelencia, aunque también pintor de flores no convencional, pues prefiere no representar los tradicionales floreros sino las plantas más arraigadas a la naturaleza de su tierra, quizás menos decorativas pero más expresivas. El paisaje se hace en cambio delicado bajo sus pinceles y generalmente se presenta fragmentario por la insinuación que nubes o brumas hacen de parte de él. En todo caso, son inconfundibles las obras de este pintor, hoy revalorizado tras algunas décadas de incomprensión. Murió en Santafé de Bogotá en junio de 1995.

Bromelia es un trabajo de la más reciente etapa del pintor, está tratada —como la mayor parte de su obra al óleo— con pincel semiseco, lo cual le imprime su característico aspecto mate.

Bromelia. Óleo sobre tela. 100 x 70 cms. 1992, Teatro Colsubsidio. Santafé de Bogotá

Elaborado con paciencia artesanal y cuidado de notario que reproduce fielmente lo observado, la flor paramuna pone, con su rojo y amarillo, la nota contrastante entre la masa de verde y verdiazules, constituyéndose así en el foco atencional del cuadro.

(*Colección Pintura Colombiana 1*, 1995, Museo de Museos Colsubsidio, Bogotá)

Fernando Botero

(1932–)

Fernando Botero nació en Medellín, 1932. Después de iniciarse en su ciudad natal con pequeños trabajos de dibujo y acuarela y de no haber realizado estudios formales de pintura, expuso por primera vez en 1951 en Bogotá. Más tarde los cursó en Madrid y en Florencia, pero realmente se fue formando en contacto con los grandes museos de Europa. Trabajador incansable, su producción es enorme tanto en pintura como en escultura y sus exposiciones han recorrido, además de Medellín y Bogotá, muchas de las más grandes salas de ciudades tan importantes como París, Florencia, Roma, Londres, Munich, Madrid, Moscú, Nueva York, Houston, Caracas, Buenos Aires y otras. Está representado en numerosos museos internacionales y París le rindió en 1992 un homenaje como no le había ofrecido en muchos años a un artista vivo. Es el único artista de fama mundial que ha producido Colombia y en lo que se refiere a la difusión comercial de su obra (y de los precios internacionales que alcanza) bien puede hablarse del "fenómeno Botero". Como pintor, él mismo proclama haber recibido especiales influencias de los cuatrocentistas italianos Piero della Francesca y Mantegna, de los españoles Velázquez y Goya, de los populares hispanoamericanos y de los precolombinos. El resultado es sin embargo muy personal. El inconfundible mundo boteriano está poblado por figuras inmóviles, infladas, monumentales, sin psicología, en las que se establece un diálogo entre lo chico y lo grande con sentido del humor de la forma y con ironía amable en el contenido. Tales caracteres han contribuido indudablemente a que los personajes de sus cuadros deriven hacia lo escultórico.

Lección de guitarra es una obra de la época en que los valores pictóricos no cedían nada a los plásticos, a diferencia de lo ocurrido posteriormente. Cuadro digno de una sensibilidad florentina, las poderosas formas del bodegón —género este tan del gusto de Botero— balancean en la mitad derecha las de la figura de la guitarrista, todo armado con composición impecable de estirpe clásica. Lo que, con cierto aire de modernidad, se margina en el fondo de cualquier vanguardismo.

Lección de guitarra. Óleo sobre tela. 189 x 246.5 cms. 1960, Museo Nacional Santafé de Bogotá

(ibíd.)

3 Tal vez lo más importante para poder hablar del trabajo de un/a artista es identificar su técnica y su estilo. Lee de nuevo los extractos sobre Gonzalo Ariza y Fernando Botero y trata de completar la tabla siguiente. Ya se han incluido algunos ejemplos.

	Técnica	Estilo
Gonzalo Ariza	pintura al óleo	paisajes
Fernando Botero	dibujo y acuarela al comienzo de su carrera	figuras inmóviles, infladas, monumentales

Actividad 2.3

A continuación vas a centrarte en el vocabulario que se refiere a lugares relacionados con el arte y su producción.

1 Empareja las descripciones de lugares (columna A) con los lugares que describen (columna B).

A

(a) sociedad o institución científica o literaria

(b) asociación científica o literaria

(c) local para conciertos conferencias y otros actos

(d) establecimiento oficial donde se enseña música

(e) lugar donde los artistas crean su obra

(f) establecimiento (universitario) para estudios de arte

(g) local donde se exponen obras de arte

(h) lugar donde se guardan, estudian y muestran colecciones de objetos de interés científico, artístico o cultural

(i) lugar donde se exponen pinturas

(j) lugar donde se realizan o enseñan trabajos manuales o artesanales

B

(i) (Facultad de / Escuela de) Bellas Artes

(ii) estudio

(iii) pinacoteca

(iv) conservatorio

(v) academia

(vi) taller

(vii) ateneo

(viii) galería

(ix) museo

(x) auditorio / sala

2 Ahora inserta las palabras que acabas de estudiar en la siguiente página cultural del periódico.

La Asociación Literaria "Amigos del 98" inicia un ciclo de conferencias titulado "Novela y Poesía del 98" en el (a) .... de Buenos Aires a partir del 30 de junio.

La (b) .... de Bellas Artes de la universidad hará público mañana el concurso "Jóvenes artistas bolivianos".

El internacionalmente famoso artista colombiano Fernando Botero expone en la (c) .... Paradiso a partir del día 5.

La (d) .... Nacional abre sus puertas a una colección privada de óleos del XIX español.

(e) .... de cerámica Azulejos: enseñanza de técnicas de cerámica y moldeado. Sin límite de edad.

Se amplía el plazo para las becas "Manuel de Falla" para realizar estudios musicales en el (f) .... de Sevilla.

La Orquesta Nacional de Nicaragua actúa esta noche en el (g)....... .

3 Fíjate en las siguientes palabras en las que aparece alguno de los lugares que acabas de aprender y explica el nuevo significado que toma cada una de estas. Puedes utilizar un diccionario monolingüe si lo necesitas. Recuerda que a menudo las palabras tienen varios significados. Es al colocarlas en un contexto determinado que adquieren un sentido único.

Ejemplo

escuela florentina: *conjunto de artistas seguidores/as del estilo florentino*

(a) taller de poesía / de escritura

(b) academia de danza

(c) estudio cinematográfico / de televisión

(d) galerías comerciales

(e) sala de fiestas

(f) museo del jamón

PINTURA

MATERIAL DE SOPORTE: tela, ...

UTENSILIOS: pincel, ...

COLORES: rojo, amarillo, verde, ...

MATERIAL DE TRATAMIENTO: óleo, ...

PROCESO DE PINTURA: dibujo, ...

ESTILOS: vanguardismo, ...

TEMAS:
CUERPO HUMANO: ...
LA NATURALEZA: bodegón, flores, paisaje, ...
RELIGIOSOS Y MITOLÓGICOS: ...

Actividad 2.4

En esta actividad vas a ampliar el vocabulario del arte aprendiendo palabras del campo semántico de la pintura.

Un amigo tuyo es estudiante de arte y se está haciendo un lío con sus notas. Ayúdale a clasificar cada término del recuadro bajo el apartado correcto de su libreta.

Venus • agua • boceto • desnudo • aceite • apunte • barniz • cera • esbozo • mancha • Cibeles • paisajistas ingleses • Apolo • escuela florentina • Creación de Adán y Eva • realismo pictórico • paleta • arte conceptual • autorretrato • lápiz • impresionismo • naturaleza muerta • pintura abstracta • caballete • Natividad • hiperrealismo • cal • animales • lienzo • huevo • retrato • caricatura • brocha • marina • San Sebastián • Anunciación • verdiazules

Sesión 2 Gramática y uso de las palabras

En esta sesión tendrás oportunidad de ver el uso gramatical de ciertas colocaciones y estructuras que describen a los artistas, sus técnicas y obras. Te fijarás en usos específicos de verbos con preposición y de frases idiomáticas que utilizan palabras estrechamente relacionadas con el mundo de las artes.

Actividad 2.5

En esta actividad te vas a centrar en las palabras que se usan para describir el estilo de una obra o un artista.

1   En el tema del arte oirás a menudo hablar de términos como:

- la línea
- la tendencia
- el estilo
- la técnica
- el género
- el gusto.

Busca estas palabras en un diccionario monolingüe y localiza la acepción relacionada con el arte.

2   Completa las frases que vienen a continuación con la palabra adecuada del paso anterior. En algunas frases se puede usar más de una palabra.

(a)   A final de su vida se apuntan nuevas ...... en su forma de pintar.

(b)   Nunca llegó a dominar la ...... de la acuarela.

(c)   Los jóvenes diseñadores vuelven a presentar la ...... primavera–verano en la Pasarela Cibeles.

(d)   En su última novela sigue la ...... de Isabel Allende.

(e)   No se puede decir que comparta el ...... con ninguno de los artistas contemporáneos.

(f)   En su última obra de teatro introduce rasgos del ...... policiaco.

(g)   Su obra no fue completamente aceptada en su país natal por ser de ...... francés.

Actividad 2.6

En esta actividad vas a trabajar el vocabulario y estructuras que se usan para describir de forma concisa al artista, su técnica y su obra.

¡Fíjate!

A menudo disciplinas o profesiones distintas desarrollan un tipo de jerga especial. Este modo de hablar, de arte en este caso, se distingue no solo por el uso de un vocabulario especial, sino también por el uso de estructuras de frecuente uso en ese contexto. Las palabras entonces aparecen en colocaciones que se pueden practicar y reproducir cuando se habla de arte. Como estrategia, fíjate en qué tipo de estructuras se repiten cuando oigas hablar sobre temas concretos, escríbelas y úsalas cuando tengas ocasión.

Las siguientes frases son típicas de la descripción de un artista y su obra:

trabajadora incansable

defensor incansable de la estética vanguardista

1 Transforma las siguientes frases sobre artistas bogotanos, utilizando la estructura: sustantivo + adjetivo. En cada frase se han marcado las palabras que deben aparecer en la frase final, una vez transformadas.

Ejemplo

Luis Caballero Holguín: siempre pinta sobre un mismo tema que le obsesiona: el desnudo humano. →

Luis Caballero Holguín: pintor obsesionado con el desnudo humano.

(a) Luis Caballero Holguín: artista que **dibuja vigorosamente** atormentados cuerpos masculinos.

(b) Ricardo Gómez Campuzano: **pinta** con gran **habilidad** lo que son sus temas predilectos: el retrato y el paisaje.

(c) Epifanio Garay: **pinta retratos. Se distingue** por su técnica academicista.

(d) Alfonso González Camargo: **pinta paisajes**. Demuestra su genio en la **descripción minuciosa** de sus modelos. Pintó obras de muy reducidas dimensiones, casi miniaturas.

¡Fíjate!

Lee con atención los ejemplos que vienen a continuación y sus estructuras gramaticales:

elaborado con paciencia artesanal
participio + "con" + sustantivo + adjetivo

elaborado con paciencia de artesano
participio + "con" + sustantivo + "de" + sustantivo

diseñado con poderosa creatividad (artística)
participio + "con" + adjetivo + sustantivo (+ adjetivo)

ideado con poderosa inspiración de poeta
participio + "con" + adjetivo + sustantivo + "de" + sustantivo

---

2 Ahora escoge un término de cada columna de la página siguiente y escribe 4 ó 5 frases con las estructuras de participio que acabas de estudiar.

Ejemplo

Ejecutado con poderosa inspiración de poeta.

producir	incomparable	originalidad	de poeta
ejecutar	poderoso	inspiración	artesanal / de artesano
diseñar	obsesivo	creatividad	
concebir	inquieto	dedicación	divino / de dioses
generar	íntimo	genio	clásico
realizar	increíble	gusto	costumbrista
desarrollar	exquisito	habilidad	
originar		imaginación	
idear		talento	
componer		técnica	
elaborar		temperamento	
		vocación	

Actividad 2.7

En esta actividad vas a practicar cómo describir las cualidades estéticas de los artistas. Para resaltar esto se pueden usar adjetivos calificativos que las describan o el sustantivo abstracto que se refiera a esas cualidades.

Transforma cada una de las siguientes frases de forma que signifiquen lo mismo pero empleando una cualidad artística abstracta en lugar del adjetivo realzado en negrita. Realiza los cambios sintácticos necesarios.

Ejemplo

Es un artista que ha destacado por su **original uso** de los materiales.

Es un artista que ha destacado por su *originalidad en el uso* de los materiales.

(a) Sus primeros cuadros revelan una pintora **sensible** a los temas sociales de la época.

(b) Supo emplear de forma **genial** la técnica del dibujo, lo que lo llevó a conseguir una beca de la Academia de Bellas Artes.

(c) Pintor técnicamente **hábil** en toda su obra.

(d) **Fiel** a los principios de la pintura oficial de la época, retrató a los más destacados personajes de la época.

Actividad 2.8

En esta actividad vas a seguir practicando formas de describir a los artistas y su obra, esta vez utilizando determinados verbos con preposición.

Sustituye los verbos en negritas en el siguiente texto sobre la obra de Mario Benedetti, utilizando uno de los verbos del círculo grande seguido de la preposición adecuada del círculo pequeño. Consulta un diccionario si tienes dudas.

Mario Benedetti

Escritor uruguayo (a) **dedicado a** la poesía que (b) **habla de** temas sociales. (c) **Interviene en** la corriente poética que se desarrolla en contraposición con el surrealismo. Benedetti (d) **se preocupa de** la realidad social y política que lo rodea y la concepción de la poesía como instrumento de lucha.

En una primera etapa (e) **colabora** con su poesía **a** denunciar de un modo crítico la mentalidad burguesa uruguaya. Tras la represión militar en su país, su obra adquiere un tono más social y (f) **responsabilizado con** las circunstancias políticas y sociales de su país.

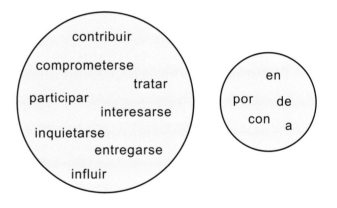

Actividad 2.9

Muchas palabras se usan en expresiones idiomáticas del lenguaje cotidiano con sentido metafórico. En esta actividad verás cómo el vocabulario del mundo del arte es más común de lo que piensas en el habla de todos los días.

Intenta inferir el significado de las siguientes frases por el contexto y vuelve a escribirlas utilizando otras expresiones que signifiquen lo mismo. En caso de necesitarlo, puedes buscarlas en un diccionario monolingüe.

Ejemplo

Ha decorado su casa **con mucho arte**: *con habilidad, con gracia.*

(a) No tuve más que ver la foto para reconocerlo. **Es el vivo retrato de** su padre.

(b) Se rieron todo el día **sin ton ni son**.

(c) Desde que tuvimos esa discusión tan horrible **no puedo ver a mi vecino ni en pintura**.

(d) Cuando habíamos perdido todas las esperanzas de que la televisión funcionara, volvió la imagen **como por arte de magia**.

(e) Creo que le regalaremos un jersey, una camisa o **algo por el estilo**.

(f) Salió a la pista de baile y empezó a bailar **sin ningún arte**.

(g) Lo hago **por amor al arte**.

¡Fíjate!

Las frases idiomáticas y locuciones aparecen en el diccionario bajo el significado de la palabra principal de la frase (normalmente un sustantivo o un verbo). Aparecen al final de todos los demás significados de la palabra y van precedidas de FR. Y LOC. (= frases y locuciones). Además del significado y un ejemplo, suele haber también una referencia a su uso: COLOQUIAL, VULGAR, PEYORATIVO, HUMORÍSTICO, etc., como observarás en la siguiente entrada de diccionario:

pintura s.f. **1** (no contable) Arte y técnica de pintar: *Esa empresa tiene mucha experiencia en la pintura de interiores. Velázquez fue un maestro de la pintura.* ~ **al fresco** Pintura que consiste en aplicar sobre una superficie todavía húmeda los colores disueltos en el agua. ~ **al óleo** Pintura que se obtiene disolviendo colorantes en un tipo de aceite. **2** Obra pintada: *El museo posee una buena colección de pinturas renacentistas.* SIN. *cuadro. pinturas rupestres.* **3** (no contable) Producto utilizado para pintar. ~ **acrílica**. ~ **plástica**. ~ **al temple** Pintura preparada fundamentalmente con pigmento, cola y agua. **4** (no contable) LITERARIO Descripción de algo con palabras: *El autor hace una pintura muy realista de la sociedad de la época.* FR. Y LOC. **No poder ver ni en** ~ COLOQUIAL. Tener [una persona] mucha manía a otra persona o una cosa: *Al pesado de Julián no lo puedo ver ni en pintura. No me la nombres, no la puedo ver ni en pintura. No puedo ver la playa ni en pintura.*

(*Diccionario Salamanca de la lengua española*, Universidad de Salamanca, Santillana S.A, Madrid)

Sesión 3   Léxico y discurso

Actividad 2.10

Como es de esperar, las biografías tienen también su léxico específico. ¿Qué tipo de léxico asociarías con una biografía?

Busca en los textos sobre Gonzalo Ariza y Fernando Botero palabras o expresiones que se refieran a cada uno de los aspectos indicados en la siguiente tabla.

	Fechas	Hitos en su vida familiar o profesional	Periodos de tiempo
Gonzalo Ariza	1912	Nacimiento ...	"En una primera etapa..." ...
Fernando Botero	1932	Nacimiento ...	...

Actividad 2.11

En esta actividad vas a ver cómo la posición de los adjetivos respecto al sustantivo puede añadir matices expresivos.

¡Fíjate!

En español, los adjetivos suelen ir siempre después del sustantivo (**pospuestos**) pero pueden ir también delante (**antepuestos**) para conseguir distintos efectos de estilo y matices de significación.

Los **adjetivos pospuestos** denotan una cualidad que distingue al sustantivo. Por ejemplo, en "el muchacho chileno" o "el perro negro" el adjetivo contribuye a identificar de qué muchacho o perro se está hablando.

Los **adjetivos antepuestos**, en cambio, realzan la cualidad que es inherente al sustantivo; por ejemplo, "la madrileña calle de Serrano", o "las verdes colinas gallegas". Cuando van en esta posición, los adjetivos se usan para resaltar o poner énfasis sobre esa característica del sustantivo, y tienen un efecto estilístico marcado. Al decir "las verdes colinas gallegas" intencionadamente se resalta el verdor de las montañas.

Es importante recordar que hay algunos adjetivos que cambian radicalmente su significado según vayan situados antes o después del sustantivo; por ejemplo, "un hombre **pobre**" significa "un hombre sin recursos económicos o un mendigo", mientras que "un **pobre** hombre" significa que es desgraciado o se refiere a la descripción moral de la persona; y a menudo significa "un hombre que suscita compasión".

1   Lee el siguiente extracto del texto que leíste sobre Fernando Botero. Subraya los adjetivos antepuestos y haz un círculo alrededor de los adjetivos pospuestos.

Es el único artista de fama mundial que ha producido Colombia y en lo que se refiere a la difusión comercial de su obra (y de los precios internacionales que alcanza) bien puede hablarse del "fenómeno Botero". Como pintor, él mismo proclama haber recibido especiales influencias de los cuatrocentistas italiano Piero della Francesca y Mantegna, de los españoles Velázquez y Goya, de los populares hispanoamericanos y de los precolombinos. El resultado es sin embargo muy personal. El inconfundible mundo boteriano está poblado por figuras inmóviles, infladas, monumentales, sin psicología, en las que se establece un diálogo entre lo chico y lo grande con sentido del humor de la forma y con ironía amable en el contenido.

2   Ahora piensa y contesta:

   (a)   ¿Cuáles son más frecuentes, los adjetivos antepuestos o los pospuestos?

   (b)   ¿Se puede cambiar su posición?, ¿cambia el significado de la expresión si se cambia la posición?

Actividad 2.12 _____

En esta actividad vas a practicar recursos alternativos al uso de los adverbios terminados en "-mente".

> **¡Fíjate!**
>
> Ya sabes que los adverbios terminados en "-mente" se utilizan para indicar la forma como se efectúa una acción, por ejemplo: *rápidamente, cuidadosamente*. Es importante entender que también se usan para enfatizar una idea o para darle más expresividad: *indudablemente, verdaderamente*. En este ejercicio vas a pensar en modos alternativos de expresar estas ideas sin recurrir a los adverbios terminados en "-mente".

Escribe de nuevo las siguientes oraciones, transformando los adverbios en "-mente".

Ejemplo

Los grandes artistas, multitudinariamente desconocidos y de los que escasamente se habla hoy en día, ... →

Los grandes artistas, desconocidos por la mayoría / por una gran multitud / muy desconocidos, y de los que casi no se habla hoy en día, ...

(a)   La técnica en el dibujo de Garay es **indudablemente** academicista.

(b)   En su primera etapa la elección de temas de Gonzalo Ariza es **primordialmente** social. Más tarde utiliza el espacio **poéticamente** y aplica **acertadamente** la técnica del esfumado a sus paisajes andinos.

(c)   Podemos decir que, en cuanto a la ejecución de su obra, Ariza es, en su primera etapa, **realmente** artesanal.

(d)   El manejo del color es **excepcionalmente** rico en este artista.

(e)   De composición **verdaderamente** impecable, sus cuadros recuerdan el mundo clásico. Es uno de los pintores modernos colombianos más conocidos **internacionalmente**.

Lenguas

En esta unidad vas a estudiar vocabulario relacionado con la lengua y los sistemas de comunicación, y seguirás practicando recursos encaminados a preservar la cohesión en el discurso. El texto de esta unidad es un artículo de opinión del académico norteamericano Stephen Krashen sobre la controversia de los programas bilingües para hispanos en Estados Unidos.

Unidad 3

Plan de trabajo

Sesión 1: Léxico de la unidad y campos semánticos

Actividad 3.1	Activación de vocabulario e ideas relacionadas con el tema de la lengua
Actividad 3.2	Identificación de palabras relacionadas con el tema
Actividad 3.3	El campo semántico de la "lengua"
Actividad 3.4	Colocaciones con el sustantivo "lengua"

Sesión 2: Gramática y uso de las palabras

Actividad 3.5	Campo semántico de los verbos que comparten el significado de "comunicación oral"
Actividad 3.6	Colocaciones de algunos verbos de "habla"
Actividad 3.7	Uso de la preposición correcta con verbos de "habla"
Actividad 3.8	Frases hechas con el sustantivo "lengua"

Sesión 3: Léxico y discurso

Actividad 3.9	Uso de los demostrativos y los relativos para referirse a lo ya mencionado
Actividad 3.10	Uso de los adjetivos como recurso de estilo
Actividad 3.11	Frases hechas coloquiales con el sustantivo "boca"
Actividad 3.12	Frases idiomáticas

Sesión 1 Léxico de la unidad y campos semánticos

Actividad 3.1

Para empezar, considera estas preguntas y contéstalas en forma de notas:

(a) ¿Qué usos piensas que desempeña una lengua? Haz una lista.

(b) ¿Qué lenguas son importantes a nivel internacional? Menciona tres y justifica tu respuesta.

(c) ¿Cuáles son, en tu opinión, las ventajas y desventajas de criarse bilingüe en vez de monolingüe?

Actividad 3.2

En esta actividad vas a leer un artículo en el que Stephen Krashen, una de las principales autoridades mundiales en las áreas de adquisición y educación de lenguas, expresa su opinión sobre la Proposición 227, el movimiento *English-Only* y el futuro del bilingüismo en los Estados Unidos.

1 Lee el texto una primera vez para hacerte una idea del tema.

Una conversación con Stephen Krashen

La Proposición 227 fue un acontecimiento muy extraño. Los votantes de California votaron en 1997 a favor del desmantelamiento de la educación bilingüe, lo que fue seguido por acciones similares en otros dos estados. Lo hicieron así porque pensaron que permitir que los niños inmigrantes fueran instruidos en su lengua materna (generalmente español) les impediría, o cuando menos retrasaría, la adquisición del inglés.

Lo que los votantes no sabían es que los estudios demuestran consistentemente una y otra vez que los niños en programas bilingües aprenden inglés más rápidamente que los que están en programas de inmersión exclusiva en inglés. Del mismo modo, muchos estudios demuestran que la mayoría de las personas están de acuerdo con los principios inherentes a la educación bilingüe; es decir, la idea de que si sabes leer y escribir en un idioma, te es más fácil alfabetizarte en otro, y la idea de que si aprendes sobre un determinado tema en tu lengua materna aumentará tu comprensión cuando este tema sea presentado en la segunda lengua. Los votantes tampoco saben que, en el decenio transcurrido desde la aprobación de la Proposición 227, todos y cada uno de los estudios científicos publicados han demostrado que la supresión de la educación bilingüe no mejoró la adquisición del inglés. Esto es irrefutable.

El bilingüismo en los EE.UU. sólo tiene futuro si se explica a la opinión pública y se divulgan adecuadamente los trabajos de investigación.

(Adaptada de: http://www.mepsyd.es/redele/Revista15/Krashen_Interv.pdf) [último acceso 07/05/10]

2 Lee el texto otra vez para buscar las palabras y expresiones que tengan que ver con aspectos relacionados con hablar una lengua.

3 A continuación tienes una serie de definiciones de términos para describir a las personas según el uso que hagan de la lengua. Adivina la palabra clave a la que se refiere cada definición.

Ejemplo

persona que habla dos lenguas – *bilingüe*

(a) persona que se dedica profesionalmente al estudio del lenguaje o de las lenguas

(b) nombre que se les da a todas las personas que hablan una lengua

(c) persona que habla varios idiomas

(d) persona que habla español

(e) persona que habla francés

(f) persona que habla solo una lengua

(g) persona que habla inglés

Actividad 3.3 _____

A continuación vas a aprender sinónimos y casi sinónimos de la palabra "lengua" en el sentido de "sistema de comunicación que usa un conjunto de reglas".

1 En el texto se usan dos palabras que, en el contexto del artículo, son sinónimas: "lengua" e "idioma". Hay otras palabras que también se refieren a sistemas de comunicación humanos con matices de significado específicos. En la siguiente tabla marca con un visto (√) los rasgos de la columna de la izquierda que se refieran a los cuatro términos sinónimos de "lengua". Si tienes dudas, lee las definiciones que aparecen en la sección ¡Fíjate! antes de mirar la clave.

<table>
<tr><td>**¡Fíjate!**</td></tr>
</table>

Lengua 1 Sistema de comunicación oral o escrita basado en un grupo determinado de reglas; 2 Modalidad lingüística propia de un escritor: *la lengua de Borges.*

Idioma 1 Lengua de una comunidad, pueblo o nación; 2 Manera de hablar: *el idioma de los jóvenes.*

Lenguaje 1 Sistema de comunicación entre los miembros de una especie. 2 Sistema de comunicación humano; 3 Manera de comunicarse o expresarse: el lenguaje médico, *el lenguaje de las armas.*

Dialecto Variante local o regional de una lengua.

Nota: No siempre es posible establecer en qué momento una variedad dialectal se convierte en dialecto, y cuándo un dialecto se considera "lengua". Muchas veces las razones son políticas o responden a las percepciones de los propios hablantes.

Habla 1 Capacidad de hablar: los *médicos no saben si va a recuperar el habla*; 2 Forma de hablar de un número de personas: *el habla andaluza*; 3 Utilización de la lengua en forma oral.

	Idioma	Lenguaje	Dialecto	Habla
Es un sistema de comunicación.	√	√	√	√
Se refiere a la comunicación humana.				
Se refiere a la comunicación no humana.				
Se usa en los contextos especializados (arte, ciencia, etc.).				
Tiene límites regionales o sociales.				
Es una forma únicamente oral.				

2 Ahora completa las siguientes frases con la palabra adecuada del recuadro.

```
dialecto • lengua • lenguaje • habla
• idioma
```

(a) El choque le hizo perder el ...... temporalmente.

(b) Está estudiando un ...... de una comunidad de los Andes.

(c) Se ha estudiado mucho el ...... de las abejas.

(d) El ...... español se ha hablado en los Estados Unidos desde hace cuatro siglos.

(e) Por ser tan técnico, el ...... jurídico a veces resulta totalmente incomprensible.

(f) Para fomentar la integración europea, cada niño debe tener la posibilidad de aprender en el colegio por lo menos otros dos ...... europeos aparte de su ...... materna.

(g) Otra especie que tiene un ...... fascinante son los delfines.

(h) El ...... coloquial está siempre llena de incorrecciones involuntarias.

Actividad 3.4

En esta actividad vas a estudiar algunas de las colocaciones más frecuentes con el sustantivo "lengua" en el sentido de "idioma".

1 El texto dice "si aprendes sobre un determinado tema en tu lengua materna". El adjetivo "materno" es uno de los que acompañan más frecuentemente a la palabra "lengua", también hay otros adjetivos que vienen a la mente inmediatamente. ¿Cuáles se te ocurren? Haz dos listas:

(a) en la posición: "lengua" + adjetivo pospuesto
     lengua española, ...

(b) en la posición: adjetivo antepuesto + "lengua"
     primera lengua, ...

Si tienes problemas, busca la palabra "lengua" en un diccionario monolingüe y verás que aparecen varias combinaciones típicas de uso frecuente. De momento evita los usos metafóricos.

2 Escribe una frase para demostrar el uso de cada una de las expresiones que has encontrado o que salen en la clave del ejercicio anterior.

Ejemplo

La **lengua española** es la que se habla en España y en toda Hispanoamérica.

Sesión 2 Gramática y uso de las palabras

Actividad 3.5

En esta actividad vas a centrarte en una serie de verbos que tienen en común la idea de comunicación oral.

Los siguientes verbos están relacionados pero hay diferencias entre ellos. Clasifícalos según las categorías del recuadro que los sigue. Consulta un diccionario monolingüe en caso de duda.

elogiar   confirmar   dialogar
reconfortar   alentar   alabar
mencionar   consolar
condenar
debatir   regañar   insultar
conversar
explicar   platicar
discutir
declarar   reprochar
charlar
censurar   reñir   asegurar
sugerir
criticar   pronunciar   animar   confortar   contar

Intervención entre personas	Intervención con el fin de afirmar algo	Intervención con el fin de apoyar a otra persona	Intervención con el fin de manifestar fuerte desacuerdo con otra persona
conversar			
		animar	
	declarar		
			insultar

Actividad 3.6

En esta actividad te vas a fijar en algunas colocaciones relacionadas con el acto de hablar.

1 Los siguientes verbos van seguidos de palabras con las que a menudo aparecen colocados, pero ¡ojo!: en cada grupo hay una palabra intrusa. Busca el intruso de cada grupo y táchalo. Intenta hacerlo primero sin usar un diccionario. Después lee en voz alta las colocaciones restantes.

Ejemplo

pronunciar un discurso • ~~una tontería~~ • una sentencia • una frase.

(Lee en voz alta: "pronunciar un discurso", "pronunciar una sentencia", "pronunciar una frase").

(a) **contar** un poema • un chiste • una anécdota • un cuento

(b) **recitar** un poema • las tablas de multiplicar • un chiste • la lección

(c) **anunciar** su llegada • un chiste • una demora • una noticia

(d) **decir** la verdad • su nombre • una tontería • una anécdota

(e) **comunicar** una noticia • una decisión • una mentira • una buena nueva

(f) **confesar** unos pecadillos • un delito • un poema • mi ignorancia

(g) **pedir** un favor • explicaciones • limosna • una afirmación

2 Empareja estos verbos con los sustantivos que los acompañan frecuentemente.

(a) aclarar   (i) la guerra

(b) confirmar   (ii) su conducta

(c) declarar   (iii) la situación

(d) proclamar   (iv) un argumento

(e) elogiar   (v) su inocencia

(f) rebatir   (vi) la llegada

3 Elige algunas de las colocaciones de los pasos 1 y 2 y haz una frase con cada una.

Actividad 3.7 _____

En esta actividad vas a practicar el uso de verbos que se refieren al acto de hablar o comunicarse, con las preposiciones que comúnmente los acompañan.

¡Fíjate!

Como ya sabes, no basta con conocer el significado de las palabras para usarlas bien. Con mucha frecuencia la corrección del uso depende de las preposiciones que acompañan los verbos, como por ejemplo en las siguientes frases:

Se habla **de** / **sobre** algo **con** alguien.

La gente habla **de** algo **entre** sí.

Se cuenta una historia **a** una persona.

Decide si los verbos de las frases siguientes necesitan alguna de las preposiciones del recuadro. En caso de duda, consulta un diccionario monolingüe y asegúrate de cuál es la preposición correcta.

> a • por • entre • con • sobre

Ejemplos

Va a hablar _con_ su jefe sobre la posibilidad de trabajar en la otra oficina.

Su abuelo contaba _a_ cualquier persona la historia de su vida.

(a) El gobierno ha prometido dialogar ...... el tema del medio ambiente ...... varios grupos interesados.

(b) Los sindicatos parlamentarán ...... la patronal ...... el nuevo acuerdo.

(c) Criticaron ...... la autora ...... el exceso de groserías en su nueva obra.

(d) Cuando las dejó, charlaban muy animadas ...... sí ...... los preparativos para la boda.

(e) Confesaron ...... sus padres ...... que habían cogido manzanas de la huerta del vecino.

(f) Antes de firmar el contrato quieren negociar ...... el precio ...... sus representantes.

(g) Mis padres siempre le disculpan ...... los errores ...... mi hermano, pero ...... mí, nunca.

(h) El remordimiento le comía por dentro y decidió confesar ...... sus pecados ...... un sacerdote.

(i) Cuando volvía de la mar, bajaba a la taberna y conversaba ...... sus amigos ...... cómo había ido la pesca y las noticias del pueblo.

(j) Tenemos que debatir ...... el tema ...... nosotros antes de presentar una propuesta a la dirección.

Actividad 3.8 _____

Hasta ahora has visto usos del término "lengua" más que todo con el sentido de "medio de comunicación". En esta actividad aparecen varias frases hechas que se refieren a "lengua" con el sentido de "órgano muscular".

1 Intenta deducir del contexto el significado de cada una de las expresiones en negrita y sustitúyelas por otras palabras. Si lo necesitas, verifica el significado de la frase idiomática en un diccionario monolingüe.

Ejemplo

Se pasaron toda la tarde **dándole a la lengua**. → Se pasaron toda la tarde *hablando*. (darle a la lengua = hablar mucho)

(a) Estás mejor callado porque **tienes la lengua muy larga**.

(b) Tuve que **morderme la lengua** para no decir lo que pensaba.

(c) **Tengo** su nombre **en la punta de la lengua**, empieza por "C".

(d) Mi vecino **tiene una lengua muy afilada**, así que es mejor que no hagas caso de lo que dice.

(e) Con esa **lengua de trapo** no hay quien entienda lo que quiere decir.

(f) **¡Parece que comes lengua!** ¡Para un poco de hablar, que ya me duele la cabeza!

2 Busca el significado de estas expresiones en un diccionario monolingüe y escribe frases parecidas a las del paso anterior. Fíjate que aquí se da la forma del verbo en el infinitivo y los pronombres se dan en tercera persona.

No olvides poner el verbo en el tiempo y forma adecuada, y el pronombre en la persona apropiada.

(a) las malas lenguas

(b) con la lengua fuera

(c) soltársele la lengua (a uno)

(d) irse de la lengua

(e) sacar(le) la lengua a alguien

Sesión 3 Léxico y discurso

Actividad 3.9

En el primer tema de *Palabras* practicaste el uso de algunos recursos para evitar repeticiones innecesarias en el texto escrito y preservar así su cohesión. En esta actividad se resalta el uso de los demostrativos y los relativos con esta función.

1 Vuelve al texto de Stephen Krashen que leíste en la Sesión 1. En las siguientes frases se han realzado en negrita unos elementos que no tienen sentido por sí solos, sino que hacen referencia a otros elementos ya mencionados en el texto. Busca a qué se refieren, como en el siguiente ejemplo:

Ejemplo

lo que fue seguido por acciones similares en otros dos estados.

lo que = los votantes de California votaron a favor del desmantelamiento de la educación bilingüe.

(a) **Lo** hicieron así...

(b) **les** impediría, o cuando menos retrasaría, la adquisición del inglés.

(c) **los que** están en programas de inmersión exclusiva en inglés

(d) te es más fácil alfabetizarte en **otro**

(e) cuando **este** tema sea

(f) ... presentado en la **segunda** lengua

(g) **Esto** es irrefutable.

¡Fíjate!

El uso de **los demostrativos** en el texto escrito, además de expresar distancia física, muchas veces refleja la proximidad psicológica que el autor o la autora percibe al usarlos.

(a) Los pronombres **este/esta/esto** se usan para referirse a algo que se acaba de mencionar (en la frase anterior).

(b) **ese/esa/eso** o **aquel/aquella/aquello** se usan para referirse a algo que se ha mencionado, pero no inmediatamente. (El uso de "ese" o "aquel" permite distinguir dos grados de distancia relativa, pero muchas veces el uso de uno u otro no sigue reglas fijas y depende de la voluntad del hablante). Por ejemplo:

Lourdes y Félix se separaron. Este, para ir a la oficina; aquella, para ir a clase de francés. ("Este" = Félix, "aquella" = Lourdes)

Sus padres llegaron una hora antes de lo previsto. Esto les fastidió el plan. ("esto" = la llegada antes de lo previsto de sus padres)

(c) Las **formas adjetivales** de los demostrativos son también frecuentes. En este caso el demostrativo indica el elemento referido pero el sustantivo incluye nueva información, por ejemplo:

"El monolingüismo es una enfermedad curable". Una vez vi **este grafito** en... ("este" indica que el elemento referido es el de la frase anterior, mientras que "grafito" da nueva información: de que la frase mencionada reproduce un grafito, y no unos titulares de periódico, ni el título de un libro, etc.)

(d) Es también muy frecuente usar la frase hecha "**este hecho**" o "**ese hecho**", por ejemplo:

Su madre murió cuando él tenía 15 años. Este hecho cambió totalmente su vida.

Los **pronombres relativos** (que, quien, el cual/la cual, donde, cuando) se usan para referirse a lo ya mencionado en el discurso y varían en el grado de formalidad que comunican. Estos son ejemplos de algunos de los usos más comunes:

(a) **el cual/la cual/los cuales/las cuales** se usan para referirse a los objetos o personas mencionadas anteriormente:

Estuvimos hablando con los estudiantes que tenían problemas, **los cuales** venían generalmente de familias monolingües. (los cuales = los estudiantes)

(b) **lo cual, lo que** se usa para referirse a una idea o concepto y no a un objeto o individuo:

Expuso claramente los motivos de su visita, **lo cual** era señal de la importancia que para él tenía el asunto. (lo cual = el hecho de exponer claramente los motivos de su visita)

(c) **quien/quienes** se usan para referirse a las personas mencionadas anteriormente pero no se usan para objeto:

Se comprometió a hablar con los nuevos vecinos, **quienes** según se rumoreaba no eran muy simpáticos. (quienes = los nuevos vecinos)

(d) **donde, cuando;** "donde" se usa para referirse al lugar mencionado anteriormente y "cuando" para referirse al momento:

El patio era el lugar de reunión de la familia. Allí era **donde** se hacían todas las celebraciones importantes. (donde = el patio)

Todos recordaban la época de la cosecha del café. En esos meses era **cuando** el calor agobiaba a niños y a mayores. (cuando = la época de la cosecha)

Nota: Tradicionalmente los pronombres demostrativos masculinos y femeninos llevaban un acento ortográfico, o tilde, para diferenciarlos de los adjetivos demostrativos. Por ejemplo:

Éste es el mío. (pronombre)

Este lápiz es mío. (adjetivo)

En 1999 las Academias de la lengua, tanto la española como las de América, ratificaron la decisión de que los pronombres demostrativos solamente requieren tilde si la frase es ambigua. Por consiguiente, "Este es el mío" y "Éste es el mío" son igualmente correctos y tienen el mismo significado porque "este" solo puede interpretarse como pronombre, pero en frases como las siguientes:

Ésta mañana vendrá. (pronombre. Significa: Mañana vendrá esta remesa/mujer/estudiante/etc.)

Esta mañana vendrá. (adjetivo. Significa: Vendrá hoy por la mañana.)

se requiere el uso de la tilde ya que esta da un significado diferente.

Sin embargo, utilizar la forma tradicional, o sea la acentuación de los pronombres demostrativos **no** es incorrecto.

2 Completa el texto con uno de los elementos siguientes (en algunos casos más de uno es posible).

> cuando • que • este • esto • lo • lo que • les (enclítico) • nos (enclítico) • lo cual

Hay dos ingredientes importantes que debe tener un método o enfoque efectivo para la enseñanza de segundas lenguas a niños: necesitamos proporcionar (a) …… abundantes oportunidades de *input* comprensible, ya que (b) …… es el aspecto esencial en la adquisición de lenguas. Varias décadas de investigación (c) …… han confirmado. Solo adquirimos el lenguaje (d) …… entendemos (e) …… leemos u oímos. (f) …… significa llenar la hora de clase de *input* auditivo comprensible y asegurar (g) …… de que los alumnos desarrollen hábitos de lectura placenteros en la segunda lengua. Es de fundamental importancia que el *input* sea no solamente interesante sino casi irresistible, tan interesante que (h) …… están trabajando se les olvide que están usando una segunda lengua. El segundo ingrediente es que los alumnos sepan cómo se adquiere el idioma, (i) …… es imprescindible para seguir mejorando en (j) …… una vez finalizado el curso y estar en disposición de poder adquirir otros idiomas.

(Adaptado de "Una conversación con Stephen Krashen". Disponible en: http://www.mepsyd.es/redele/Revista15/Krashen_Interv.pdf) [último acceso 07/05/10]

Actividad 3.10

En esta actividad vas a practicar el uso de más de un adjetivo como recurso estilístico.

¡Fíjate!

Cuando se quiere enfatizar una opinión, un recurso que se utiliza frecuentemente es poner más de un adjetivo. Por ejemplo:

> Este es el hecho **central, imparable**…

> Ninguna ley va a domar realidad tan **numerosa y bravía**.

> Este es el hecho **escueto y elocuente**.

Sin embargo, este recurso se usa más en el lenguaje escrito, de por sí formal. Dicho uso de los adjetivos en un contexto oral sonaría muy pedante.

1 Completa las siguientes frases con un segundo adjetivo que refuerce el primero. Elige este segundo adjetivo de la selección del recuadro. Recuerda poner el adjetivo en la forma gramatical correcta.

> complejo • venerado • único • bravío • formado • riguroso • claro • ecléctico • cobarde • inédito • veloz

Ejemplos

El caballo galopaba ligero y *veloz* por la pradera.

Muchos consideran la actitud del presidente inútil y *cobarde*.

(a) Las ciudades cosmopolitas desarrollan formas culturales variadas y …….

(b) No todos quieren que el inglés se imponga como lengua universal y …….

(c) El porvenir de este país depende de una población que esté bien educada y ....

(d) Se han publicado seis poemas nuevos e ...... del autor.

(e) En algunos estados totalitarios se ha querido imponer una defensa del idioma tajante y ....

(f) La gente le escucha siempre con atención porque es una persona respetada y ....

(g) Las antiguas poblaciones del Perú tenían una cultura extraordinariamente rica y ....

(h) Los pueblos de aquella región tenían fama de indomables y ....

(i) La verdad sencilla y ...... es que nunca se valoró su lengua.

2   Mira los pares de adjetivos y analiza si sus significados son sinónimos o complementarios.

Ejemplo

ligero y veloz: *se complementan. "Veloz" indica rapidez y "ligero" añade la sensación de ir por el aire.*

Actividad 3.11 _____

De la misma manera que existen un gran número de expresiones hechas con la palabra "lengua", existen otras tantas con el término "boca". A continuación tienes algunas.

¡Fíjate!

Recuerda que para buscar una frase hecha o locución en el diccionario tienes que buscarla bajo la palabra clave (en estos ejemplos, "boca"). Cuando la locución tiene varias palabras clave es posible que el diccionario incluya la locución bajo ambas pero una de ellas te referirá al lugar donde se explique el significado.

Para clarificar este punto intenta buscar algunas de las locuciones del paso 1 bajo otra palabra que no sea "boca", por ejemplo, "correr de boca en boca" bajo "correr". En algunos diccionarios monolingües verás que se incluye la frase hecha en "correr", acompañada de un asterisco, pero que la definición no está allí. El asterisco te indica la entrada del diccionario donde encontrarás el significado de la expresión.

> **correr** FR. Y LOC. **a** ~ COLOQUIAL. Se usa para indicar que se da por acabada una actividad o unas palabras: *Venga niños, ya habéis merendado, a correr. No tengo que decirte más, a correr.* **andar/~de boca* en boca, apretar* a ~ (aquí) el que no corre, vuela.** Se usa para indicar que una persona saca provecho de una situación en cuanto tiene oportunidad: *Yo tampoco dejaré pasar la ocasión, porque aquí el que no corre, vuela.* ~ **con los gastos *.** ~ **echar un tupido velo*.** ~ **la bola *.** ~ **la liebre*.** ~ **la suerte*.** ~ **malos vientos*.** ~ **prisa*.** ~ **(un/el) riesgo*.** ~ **sangre*.** ~ **tinta*** o **correr ríos de tinta.** ~ **/ver mundo*. correrla,** Ir [una persona] de juerga: *La corremos todos los fines de semana.*

(*Diccionario Salamanca de la lengua española*, 1996, Universidad de Salamanca, Santillana S.A, Madrid)

1 Empareja las siguientes frases hechas con sus significados correspondientes. Usa un diccionario monolingüe cuando lo necesites. Hay dos expresiones que significan lo mismo.

(a) andar en boca de todos

(b) correr de boca en boca

(c) decir con la boca chica / pequeña

(d) hablar por boca de otro

(e) no abrir la boca

(f) no decir ni esta boca es mía

(g) quitar la palabra de la boca

(h) tapar(le) la boca (a alguien)

(j) tener mala boca

(i) decir una persona algo que no quiere hacer o no va a hacer realmente

(ii) no decir nada, estar completamente callado

(iii) anticiparse alguien a decir lo que iba a decir otra persona

(iv) decir algo que es la opinión o la voluntad de otra persona

(v) ser un asunto conocido públicamente

(vi) hacer callar a alguien con sobornos, amenazas o con un argumento contundente

(vii) emplear una persona tacos o palabrotas

(viii) ser motivo de comentario general

2 Utiliza las locuciones del paso anterior para completar las siguientes frases.

(a) Se lo quería decir yo pero, como siempre, ella me _____ Siempre quiere contarlo ella primero.

(b) Iba a revelar el nombre del culpable, pero le _____ con la promesa de cinco mil euros.

(c) Prometió ayudar pero ya me di cuenta de que lo _____ y al final no hizo nada.

(d) La pregunta que _____ es si se van a casar o no.

(e) Es mejor que él _____, siempre mete la pata.

(f) ¡Qué _____ este niño! No para de decir palabrotas.

(g) Los periodistas lo asediaban con preguntas sobre el asunto, pero él _____

(h) No querían que lo supiera nadie, pero la noticia _____ desde hace días ya.

(i) No sabes nunca qué es lo que realmente opina este tío. Siempre _____

Actividad 3.12 _____

En esta actividad vas a encontrar una serie de expresiones que corresponden a diferentes intenciones comunicativas.

1   Primero empareja cada uno de los siguientes vocablos con la frase que mejor lo define.

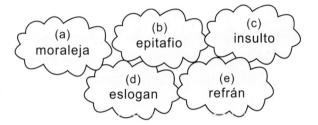

(i)   Texto o inscripción dedicada a una persona muerta (frecuentemente inscrita en su tumba).

(ii) Lo que se dice o se hace para ofender a una persona, especialmente si son palabras agresivas.

(iii) Dicho de origen popular que lleva un consejo, una enseñanza o una crítica.

(iv) Enseñanza que se deduce de un cuento, de una fábula o de una experiencia.

(v)   Frase normalmente publicitaria o de propaganda política.

2   Ahora decide cuál de las palabras del paso anterior describe mejor cada una de las siguientes frases.

Ejemplo

Más vale pájaro en mano que ciento volando = refrán

(a)   Naranjas de Valencia: el sol de España.

(b)   En boca cerrada no entran moscas.

(c)   Nació, vivió, sirvió a su patria y murió para tristeza de todos quienes lo conocieron.

(d)   ¡Cállese, ladrón!

(e)   La inocente hormiguita tuvo el fin esperado que puede preverse cuando se alían buenos con malos.

(f)   Del dicho al hecho hay mucho trecho.

(g)   Descanse en paz.

(h)   ¡Cabrón!

Ciencia

En esta unidad vas a trabajar con el léxico relacionado con la ciencia y la tecnología. Además de aprender los nombres de las disciplinas más conocidas y de los profesionales que trabajan en ellas, profundizarás en el vocabulario relacionado con procesos de producción y con la investigación científica. En las actividades sobre formación de palabras aprenderás los modos más comunes que tiene la lengua española para crear neologismos y para incorporar préstamos de otras lenguas. Finalmente tendrás la oportunidad de aprender una serie de expresiones coloquiales inspiradas en procesos científicos.

Unidad 4

Plan de trabajo

Sesión 1: Léxico de la unidad y campos semánticos

Actividad 4.1	Términos clave de distintas ciencias
Actividad 4.2	Nombres de las disciplinas científicas y tecnológicas
Actividad 4.3	Nombres de los profesionales de la ciencia
Actividad 4.4	Campos semánticos; términos relacionados con el debate científico y la teorización

Sesión 2: Gramática y uso de las palabras

Actividad 4.5	Sustantivos y verbos relacionados con procesos físicos
Actividad 4.6	Palabras relacionadas con las propiedades de los materiales; usos metafóricos
Actividad 4.7	Neologismos y tecnicismos
Actividad 4.8	Préstamos de otras lenguas; términos científicos en la vida cotidiana

Sesión 3: Léxico y discurso

Actividad 4.9	Colocaciones típicas del discurso científico
Actividad 4.10	Expresión de datos cuantitativos en el discurso científico
Actividad 4.11	Léxico científico o tecnológico de uso común en la lengua cotidiana
Actividad 4.12	Léxico científico inspirado en el vocabulario básico

Sesión 1   Léxico de la unidad y campos semánticos

Actividad 4.1

Aunque es verdad que el léxico de las ciencias es normalmente muy especializado, muchos términos se encuentran con cierta frecuencia en la prensa y los medios de comunicación.

Clasifica cada palabra de acuerdo con la disciplina científica (en negrita) a la que pertenece. No consultes el diccionario hasta comprobar tus respuestas en la clave.

Ejemplo

física: átomo, ...

física	nebulosa	embriología	agujero negro
contaminación	aceleración	banda ancha	fosfato
enzima	capa de ozono	**astronomía**	destilación
ordenador portátil	pantalla	clorofluorocarbonos	reciclaje
ácido	galaxia	extragaláctico	**ecología**
neutrón	**biología**	lluvia ácida	teclado
química	tubo de ensayo	reacción nuclear	ordenador fijo
átomo	telescopio	**informática**	oxigenación
ondas sonoras	internet	célula	microscopio
servidor	universo	germen	gases de escape
	navegador	genética	

Actividad 4.2

En esta actividad encontrarás la definición de algunas disciplinas científicas o tecnológicas.

Escribe el nombre de la ciencia o tecnología correspondiente a cada definición.

Definición	Disciplina científica/ tecnológica
(a) Ciencia que trata de la prevención, diagnóstico y tratamiento de las enfermedades del cuerpo humano.	
(b) El estudio y la aplicación de los fenómenos relacionados con señales eléctricas de baja potencia.	electrónica
(c) Ciencia que estudia los fenómenos atmosféricos.	
(d) Ciencia que estudia la formación de la Tierra y los materiales que la componen.	
(e) Rama de la biología que estudia los animales.	

Definición	Disciplina científica/tecnológica
(f) La aplicación del saber científico y los recursos naturales a la industria y al servicio del ser humano.	
(g) Ciencia y técnica que estudia el tratamiento automático de la información por medio de ordenadores.	
(h) Ciencia que estudia la descripción de la Tierra en su aspecto físico y como lugar habitado por los seres humanos.	
(i) Ciencia que estudia las propiedades y relaciones de entes abstractos, como son, por ejemplo, los números y las figuras geométricas.	
(j) Ciencia que estudia las funciones de los órganos de los seres vivos.	
(k) Ciencia que estudia todo lo relacionado con los astros y el universo.	

Actividad 4.3

A continuación vas a estudiar el tipo de derivaciones que se encuentran en las profesiones correspondientes a cada disciplina.

¡Fíjate!

Muchas disciplinas o áreas del saber (no solo científicas y tecnológicas) provienen del griego y presentan las siguientes terminaciones: "-nomía" (agronomía), "-logía" (astrología) y "-sofía" (filosofía), entre otras. Los nombres de los profesionales correspondientes a estas disciplinas se forman con las siguientes terminaciones: "-ónomo/a" (agrónomo/a), "-ólogo/a" (astrólogo/a), "-ósofo/a" (filósofo/a).

1 Ahora vuelve a mirar las disciplinas de la actividad anterior y escribe el nombre que se da al experto o la experta en esa disciplina.

Ejemplo

meteorología → *meteorólogo/a*

2 Lee las siguientes definiciones y escribe la profesión que se describe en cada una siguiendo el ejemplo.

Ejemplo

estudia y trata el aparato sexual femenino → *ginecólogo/a*

(a) se dedica al estudio de las aves

(b) estudia a los humanos como seres animales y sociales en su contexto cultural

(c) estudia los astros y su influencia en la vida de las personas

(d) estudia los procesos psíquicos del ser humano

(e) estudia la letra de una persona para analizar su personalidad

(f) se especializa en el estudio de los insectos

(g) se especializa en el estudio y el tratamiento de los ojos

Actividad 4.4

En esta actividad te vas a centrar en los campos semánticos del debate científico y la teorización.

1   Lee los dos textos siguientes sobre temas muy diferentes y subraya las palabras y expresiones que, en tu opinión, son típicas de los textos que describen experimentos o descubrimientos científicos en general.

TEXTO 1

Los modelos del universo

El modelo actual

El modelo copernicano situaba al Sol en el centro del universo, postura que mantuvieron Johannes Kepler (1571–1630) e Isaac Newton (1642–1727). Luego, tras los estudios de Harlow Shapley (1884–1972) y Walter Baade (1893–1960), el Sol quedó desplazado hacia la periferia de la Vía Láctea. Sin embargo, quedaba mucho por hacer. A principios del siglo XX se debatía entre los astrónomos la naturaleza de las nebulosas, como M31, la nebulosa de Andrómeda. Unos científicos opinaban que estos sistemas se encontraban formando parte de nuestra propia galaxia.

Otros, en cambio, pensaban que eran sistemas extragalácticos completamente independientes del nuestro, como ya sugirió Immanuel Kant (1724–1804).

La cuestión quedó zanjada definitivamente en los años veinte del siglo XX, cuando Edwin P. Hubble (1899–1943) demostró que la distancia a estas nebulosas era mucho mayor que las dimensiones de la Vía Láctea. Hubble también descubrió que casi todas las galaxias se están alejando de nosotros. Esto reavivó la cuestión de si la Vía Láctea jugaba algún papel especial en la descripción del universo. En la actualidad se sabe que el efecto observado desde nuestra galaxia sería el mismo si observáramos desde cualquier otra parte del universo. A gran escala, todas las galaxias se están alejando unas de otras.

(J. M. Cerezo, 1998, *Biología y Geología 4° de Educación Secundaria*, Grupo Santillana de Ediciones S.A., Madrid)

El telescopio Hubble, (Cortesía del Carnegie Institute en Washington)

TEXTO 2

Trabajo de investigación: VIH/SIDA

La infección por el VIH se ha transformado, en solo 20 años, en uno de los problemas sanitarios de mayor impacto sobre la comunidad nacional e internacional. En la década de 1980, se logró la determinación del virus, las pruebas de diagnóstico, los fundamentos de una terapia racional y la seguridad en los bancos de sangre. Durante la década de 1990, se logró transformar al SIDA, de una enfermedad rápidamente mortal, en una afección prolongada, similar a un proceso infeccioso crónico mediante esa terapia racional. No obstante, debe tenerse presente que la epidemia es causa de serias alteraciones, principalmente en los países pobres, en los cuales la batalla contra el SIDA se sustenta sólo en la esperanza de lograr una vacuna supresora de la infección.

(Trabajo de investigación: VIH/SIDA, T.p - I.P.C - 2008 - C.B.C - U.B.A - Universidad de Buenos Aires. Disponible en: http://grupo-v08. blogspot.com) [último acceso 07/05/10]

2   Lee las expresiones que aparecen a continuación y sustituye las palabras en negrita por expresiones sinónimas del recuadro. No te olvides de poner los sustantivos y los verbos en la forma correcta.

En el **Texto 1**:

> defender • creer • proponer • estar probado • probar • revelar • opinión • investigación

(a)   **postura** que mantuvieron...

(b)   ... tras **los estudios** de Harlow Shapley...

(c)   Unos científicos **opinaban** que...

(d)   Otros, en cambio, **pensaban** que...

(e)   ... como ya **sugirió** Immanuel Kant...

(f)   ... **demostró** que la distancia...

(g)   Hubble también **descubrió** que...

(h)   En la actualidad **se sabe** que...

En el **Texto 2**:

> apoyar • base • convertir • conseguir • enfermedad • repercusión • motivo • recordar

(i)   La infección por el VIH se ha **transformado**

(j)   de mayor **impacto** sobre la comunidad nacional e internacional

(k)   se **logró** la determinación del virus

(l)   **fundamentos** de una terapia racional

(m)   una **afección** prolongada

(n)   debe **tenerse presente** que la epidemia

(o)   es **causa** de serias alteraciones

(p)   se **sustenta** sólo en la esperanza

3   Aquí tienes algunos de los términos identificados en los pasos anteriores, y también otros. Completa las oraciones seleccionando el sustantivo más adecuado del recuadro. Ponlo en singular o plural, según la frase.

> hallazgo • hipótesis • postura • análisis • teoría • sistema • modelo • estudio • método • descubrimiento

(a) El *modelo* tradicional de descripción del Universo pasó por unos cambios radicales en el siglo XX.

(b) El descubrimiento de nuevas galaxias llevó a la formulación de nuevas _____ sobre la creación del universo.

(c) Después de años de investigación anunció sus _____ al mundo entero.

(d) Les explicó varias _____ , incluso la de Darwin que intenta explicar la diversidad de las especies.

(e) Su _____ respecto a la evolución es muy radical.

(f) Desde principios de siglo estaba ensayando diferentes _____ para solucionar el problema.

(g) El reciente _____ de dos familias de genes mutantes está permitiendo nuevos avances en la lucha contra el cáncer.

(h) Se están realizando _____ clínicos para verificar la efectividad de esta droga.

(i) Su _____ de los resultados logró convencer aún a los más escépticos.

(j) El _____ de evaluación que utilizan es muy controvertido.

Sesión 2 Gramática y uso de las palabras

Actividad 4.5

En esta actividad vas a practicar la formación de palabras que tienen que ver con procesos. Algunas de las terminaciones más frecuentes entre los sustantivos para referirse a procesos son: "-ción", "-miento" y "-sis".

1 Completa el sustantivo que corresponde a cada definición siguiendo el ejemplo.

Ejemplo

Acción de quemarse → ignición

Definición	Sustantivo
(a) Proceso de someter un líquido a temperaturas tan bajas que quede helado.	c _ _ ge _ _ ción
(b) Acción de penetrar un líquido en algo hasta que este no pueda asimilar más.	s _ t _ r _ ción
(c) Eliminación de tóxicos de la sangre por medio de un riñón artificial.	_ iá _ isis
(d) Transformación de un cuerpo del estado líquido al gaseoso (por ejemplo, el agua).	e _ _ _ or _ ción
(e) Proceso de dejar en el papel imágenes o escritos, usando máquinas especiales.	_ _ p _ _ sión
(f) Proceso de reducir la temperatura de algo.	e _ f _ _ _ m _ _ _ to
(g) Descomposición de algo mediante la electricidad.	_ _ _ c _ r _ _ _ s _ s
(h) Proceso de convertirse una cosa en piedra.	_ _ tr _ f _ _ _ _ ión
(i) Formación de una sustancia compuesta mediante una combinación de elementos más simples.	s _ _ t _ _ is
(j) Calentamiento de un líquido hasta que hierva.	_ b _ ll _ c _ _ n
(k) Proceso de aumentar la temperatura de algo.	_ a _ _ nt _ _ i _ _ to
(l) Proceso de convertir un metal sólido (por ejemplo, el hierro) en líquido	f _ _ _ i _ _ ón
(m) Movimiento rápido y alternativo.	v _ _ _ ación

2 Ahora piensa cuáles son los infinitivos de los verbos correspondientes a los sustantivos del paso anterior.

Si quieres ver otros ejemplos de cómo se usan los sustantivos de este ejercicio, podrás encontrarlos en un diccionario bilingüe.

Actividad 4.6

El léxico que se refiere a las propiedades de los materiales aparece a menudo cuando se habla de ciencia y tecnología. En esta actividad vas a trabajar sobre el campo semántico de los materiales y sus propiedades.

1 Lee las palabras que contiene el siguiente dibujo y escribe en la tabla dos o tres cualidades para cada material. Puedes usar algunas palabras varias veces, y quizás otras no las utilices. Usa un diccionario bilingüe o monolingüe cuando tengas duda.

Materiales	Propiedades
plástico	indestructibilidad, impermeabilidad, ligereza
madera	
gasolina	
hormigón	
acero	
mercurio	
plomo	
sal	
caucho	
aluminio	
oro	

2 Ahora, pensando en las propiedades de los distintos materiales, completa las siguientes frases y explica por qué se usa el material.

	Razón
(a) Se usa el oro en la ortodoncia...	... por su pureza y su dureza.
(b) Hay que cerrar bien los frascos de alcohol...	
(c) La madera no es el material preferido por las compañías de seguros para la construcción de casas...	
(d) El aluminio se usa mucho en la fabricación de las latas de bebidas...	
(e) El hormigón es un material muy usado en la fabricación de edificios...	

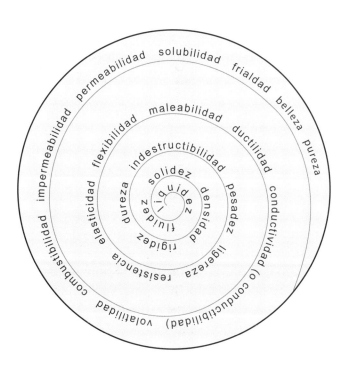

(f) El plomo se usa para la construcción de tejados...	
(g) El mercurio se utiliza en la construcción de aparatos eléctricos...	
(h) El caucho se usa para fabricar neumáticos...	

3 Muchas de estas propiedades de los materiales se usan de modo metafórico para describir a las personas y sus acciones. Completa las frases siguientes con la forma adecuada del adjetivo o el sustantivo.

flexible • maleable • fluido • blando • duro • indestructible • denso • frío • pesado

(a) Ha tenido muchos momentos difíciles en la vida, pero tiene una fe _____, y eso le ha ayudado a superar las dificultades.

(b) Fue un discurso muy _____ . Estaba lleno de citas y frases complicadísimas, y la mayoría de la gente no entendió ni la mitad.

(c) Tiene suerte con la mucama, ya que es una persona muy _____ y hasta ahora se ha adaptado sin problemas a los cambios de horario de Juana.

(d) A esta edad es un niño muy _____, que se deja convencer fácilmente. Ya veremos cuando crezca.

(e) Siempre fue muy _____ con sus hijos. Es que es una persona muy estricta.

(f) Mi problema es que soy muy _____ con la gente y me toman el pelo, pero es que no sé decir que "no".

(g) ¡No seas _____! Ya te he dicho que no te dejo el coche. No insistas.

(h) Ha vivido un año en Uruguay y ahora su español es muy _____

(i) Nuestro jefe es una persona muy _____ y distante.

Actividad 4.7 _____

En esta actividad vas a trabajar sobre la creación de palabras nuevas en el mundo de la ciencia y la tecnología.

¡Fíjate!

La tecnología es una fuente rica de neologismos y préstamos de otras lenguas, ya que nuevos conceptos y nuevas creaciones requieren nuevas palabras. En la creación de nuevas palabras existen varias posibilidades. Los tecnicismos (es decir, palabras técnicas) del español en su mayoría usan recursos ya existentes dentro del idioma. A continuación se resumen los métodos más corrientes.

• verbos a partir de sustantivos: programa → **programar**.

• sustantivos compuestos a partir de verbo + sustantivo: saca + corcho → **sacacorchos**; tienen la misma forma en singular y plural: el abrebotellas, los abrebotellas.

• sustantivos compuestos a partir de dos sustantivos: coche + cama → **coche cama**; el plural se forma en el primero de los sustantivos: coches cama, camiones cisterna. Fíjate también que estas palabras no se unen con guiones.

- adjetivos a partir de sustantivos: televisión → **televisivo.**

- adjetivos a partir de nombres propios: Darwin + -iano → **darwiniano.**

- sustantivos con prefijos o sufijos: silla → **tele**silla.

- nuevo significado o nueva función a una palabra ya existente en español: **menú** (en informática).

- palabras de otros idiomas (préstamos o extranjerismos), a veces adaptándolas: **virus, software.** Los préstamos importados de otros idiomas deben escribirse en letra cursiva o bien entre comillas cuando no se adaptan, por ejemplo:
  El *crash* de la bolsa paralizó los mercados.

Conviene consultar los diccionarios o guías de estilo si se tiene duda sobre si una palabra se ha aceptado o no y, si se ha aceptado, cómo debe escribirse.

Clasifica las siguientes palabras según el tipo de tecnicismo (del recuadro a continuación) que representan.

telefonear	fotocopia
limpiaparabrisas	lubricante
escáner	móvil
teléfono	archivo
filmar	informática
coche patrulla	hombre rana
bafle	videocámara
antioxidante	ordenador
disquete	computadora
tren ómnibus	ratón
metro	sumergible
einsteiniano/a	quitamanchas
camión cisterna	freudiano
rompehielos	best séller

Métodos de creación de tecnicismos	Ejemplos
(a) verbos a partir de sustantivos	*telefonear*
(b) sustantivos compuestos a partir de verbo + sustantivo	
(c) sustantivos compuestos a partir de dos sustantivos	
(d) adjetivos a partir de sustantivos	
(e) adjetivos a partir de nombres propios	
(f) sustantivos con prefijos o sufijos	
(g) nuevo significado o nueva función a una palabra ya existente en español	
(h) palabras de otros idiomas (préstamos o extranjerismos), a veces adaptadas	

Actividad 4.8

A continuación vas a concentrarte en los extranjerismos.

> El manager asegura que si no se registran más sponsors no se alcanzarán los targets.

¡Fíjate!

La lengua se enriquece con préstamos de otros idiomas, pero las Academias de la Lengua se quejan a menudo de que a veces no es necesario importar nuevos términos, ya que se podrían usar vocablos ya existentes en español. Las Academias intentan regular el uso de préstamos, pero su volumen, y la velocidad con que el mundo de la ciencia y la tecnología avanza, hacen que este control resulte difícil.

Las Academias de la Lengua dan directrices sobre:

* cómo adaptar los préstamos de otras lenguas: bafle, best séller.

* para qué términos se debe intentar usar el equivalente español: primer plano (en lugar de "close up").

* qué préstamos se pueden usar sin transformar: catering.

A continuación tienes varias frases en que figuran préstamos del inglés de uso corriente en español. Sustituye cada uno por un término español similar de entre los que aparecen en el recuadro.

> aficionado • auxiliar • altavoces
> • reconocimiento médico • caída de la bolsa • vaqueros • obstáculo • vestíbulo
> • aparcamiento • papel • posición •
> prueba • tablero • status

(a) Se ha comprado un equipo de música nuevo, que suena de maravilla. Lo más impresionante son los **bafles**.

(b) Ser mujer en muchos países es un **hándicap** de cara al acceso a la educación.

(c) En el **display** pone que el tren sale a las ocho.

(d) El **rol** del nuevo subdirector es mediar en las conversaciones con los sindicatos.

(e) Siempre viste igual: **jeans**, camisa de cuadros y zapatos deportivos.

(f) Enciende la luz del **hall** antes de abrir la puerta.

(g) No puedo salir hoy. Tengo que estudiar para el **test** de Geografía del viernes.

(h) El cantante recibió muchas cartas de sus **fans**.

(i) Llevas tiempo quejándote de la salud. ¿Por qué no vas a hacerte un **chequeo**?

(j) Para ser un **amateur**, pinta de maravilla. Debería exponer.

(k) El **crash** del 29 fue verdaderamente terrible.

(l) El **estatus** social de la mayor parte de los niños de este colegio es alto o medio alto.

(m) Es **asistente** de enfermera.

(n) Hay varios **parkings** en el centro. Están bien señalados, así que seguro que los encuentras bien.

Sesión 3 Léxico y discurso

Actividad 4.9 _____

Todos los lenguajes especializados suelen tener secuencias de palabras o colocaciones típicas. En esta actividad vas a trabajar con el discurso científico.

1 Empareja los verbos con los sustantivos que suelen acompañarlos (puedes repetir alguno). Usa un diccionario monolingüe para clarificar cualquier duda.

A	
plantear	una investigación
formular	un problema
llevar a cabo	una opinión
recopilar	una hipótesis
defender	datos

B	
investigar	evidencia
hacer	una teoría
analizar	un fenómeno
conseguir	los resultados
elaborar	un experimento

C	
desarrollar	un modelo
verificar	una discusión
demostrar	una teoría
hacer	un descubrimiento
zanjar	una hipótesis

2 En cada una de las siguientes frases hay una palabra que no forma una colocación típica con el verbo. Indica cuál es el intruso de cada frase.

Ejemplo

formular una hipótesis / ~~unos datos~~ / una teoría / una ley

(a) **rechazar** una propuesta / un argumento / un problema / una solución

(b) **comprobar** las dimensiones / los datos / el debate / los resultados

(c) **elaborar** unos resultados / un plan / una teoría / una propuesta

(d) **defender** una teoría / una propuesta / un invento / una hipótesis

(e) **proponer** un plan / una idea / una solución / unos datos

(f) **concebir** un plan / una idea / una respuesta / un proyecto

(g) **sostener** una teoría / una opinión / un problema / un argumento

3 En este ejercicio es el verbo el que es el intruso. Encuéntralo.

(a) verificar / concebir / comprobar / inventar **unos datos**

(b) desarrollar / zanjar / proponer / usar **un modelo**

(c) recopilar / dar por terminada / llevar a cabo / hacer **una investigación**

(d) recopilar / conseguir / elaborar / reunir **pruebas**

(e) rechazar / negar / refutar / invalidar **una hipótesis**

Actividad 4.10

Es muy común referirse a cantidades y medidas en los ámbitos de la ciencia y tecnología.

Completa los siguientes minitextos seleccionando las expresiones más adecuadas de la lista que viene a continuación.

Durante años se creía que todas las galaxias nacieron al mismo tiempo en una explosión de luz. Ahora se cree que las galaxias se expandieron a partir de un océano de hidrógeno y helio (a) ......

Fue en los años veinte que Hubble miró (b) ...... y descubrió que la Vía Láctea no estaba sola. Demostró además que la distancia a las nebulosas (c) ...... de la Vía Láctea.

Un día después (d) ...... de haber batido la barrera del sonido en el aire, un piloto de la RAF británica la pulverizó en tierra cuando atravesó el desierto de Black Rock, en Nevada, (e) ......, alcanzando 1.221,9 km/h.

Las bacterias representan (f) ...... de los seres vivos del suelo y sin ellas no habría ninguna planta, pues fijan el nitrógeno o transforman las sales amoniacales en nitritos. Su proliferación produce calor: un buen montón de compost debe tener (g) ...... ; más alta sería demasiado caliente tanto para las bacterias como para otros animales que deberían llegar aquí.

El principal gas responsable del efecto invernadero es el vapor de agua. También hay una serie de gases (h) ......, pero que se van acumulando en los últimos años. El segundo gas en importancia es el metano, que tiene (i) ...... el dióxido de carbono pero que crece a una tasa anual del 1%.

Esta cantidad de calentamiento puede tener consecuencias dramáticas, como el aumento del nivel del mar (j) ...... durante los próximos 100 años.

(i)   en pequeñas concentraciones

(ii)   a más velocidad que el sonido

(iii) a través del mayor telescopio de aquel tiempo

(iv) en un periodo de miles de millones de años

(v)   de cumplirse medio siglo

(vi) en más de 15 centímetros

(vii) una temperatura de 35 ó 40 grados centígrados

(viii) una concentración dos veces menor que

(ix) era mucho mayor que las dimensiones

(x)   más del 60 por ciento

Actividad 4.11

En esta actividad vas a familiarizarte con términos que tienen su origen en la ciencia y se usan en la vida cotidiana con un significado no literal (metafórico).

1   Completa las siguientes frases con la palabra de origen científico o tecnológico del recuadro.

catalizador • estrella • despegue • astronómicos • eclipsado • fosilizado • erosión • satélite

(a)   Su novia es una _____ de cine.

(b)   Antes era una actriz muy conocida pero ya la han _____ otras más jóvenes.

(c)   En años recientes ha habido una _____ de valores morales en nuestra sociedad.

(d)   En los primeros años de su carrera tuvo un éxito increíble pero ahora se ha _____ un poco.

(e)   El dictador siempre aparece rodeado de aduladores y _____ .

(f) Todos esperamos que en la próxima década ocurra otro _____ económico como el de los años 60.

(g) Él es el _____ del equipo: sin él parece que nada funciona.

(h) Quería vivir aquí pero estas casas ya se venden a precios _____

2 Ahora trabajarás con expresiones coloquiales relacionadas con la astronomía. Empareja las expresiones de la primera columna con los significados de la segunda columna. Usa un diccionario monolingüe si lo necesitas.

Expresiones coloquiales	Definiciones
(a) ser un sol	(i) estar distraído/a
(b) pedir la luna	(ii) todo el día
(c) ser un marciano	(iii) acompañar siempre a otra persona
(d) hacer un sol de justicia	(iv) querer lo imposible
(e) ser un satélite	(v) ser encantador
(f) de sol a sol	(vi) ser poco inteligente
(g) ser un lunático	(vii) ser muy raro o comportarse de manera rara
(h) estar en la luna	(viii) sufrir un dolor muy fuerte
(i) ver las estrellas	(ix) estar enterado/a
(j) tener pocas luces	(x) hacer un calor muy intenso
(k) estar en la onda	(xi) padecer accesos de locura

3 Ahora completa las siguientes oraciones con el coloquialismo más adecuado de la actividad anterior. Conjuga el verbo de manera apropiada.

(a) Carmen _____ Hará cualquier cosa que le pida.

(b) Si crees que te darán un coche tan lujoso para ese tipo de trabajo, te vas a llevar una gran decepción. Estás _____

(c) Quiero que me cuentes todo porque no _____ de lo que pasa aquí y quiero saberlo todo.

(d) Rafa _____ No hagas ningún caso de lo que te diga.

(e) Hoy _____ Hay que tener mucho cuidado o vamos a tener una insolación.

(f) Me di en la cabeza contra la puerta y durante diez minutos _____

(g) Cuando el maestro le pregunta no sabe ni de qué está hablando. Siempre _____

(h) Su amigo es muy inteligente. Por el contrario, Paco _____

(i) No ves nunca al Presidente sin _____

(j) El pobre hombre trabaja _____ y aun así su familia tiene lo justo para vivir.

(k) Al entrar a ese restaurante tan elegante con vaqueros y camiseta todo el mundo se volvió y me miró como si fuera _____

Actividad 4.12 _____

Como acabas de ver, el lenguaje usa a veces términos científicos para formar coloquialismos. También ocurre lo contrario, que existen términos científicos inspirados en el uso no literal o metafórico de una palabra.

Empareja las palabras de columna A con todas las posibles de la columna B para crear términos usados en la ciencia. Usa un diccionario monolingüe para ayudarte si lo necesitas. Algunas palabras tienen más de una combinación.

A	B
onda	sonoro/a
capa	de la información
mapa	corto/a
agujero	eléctrico/a
autopista	genético/a
baño	de luz
haz	de oro
corriente	de ozono
corte	negro/a
banda	oxigenado/a
agua	magnético/a

Mercados

En esta unidad vas a repasar y a ampliar tu vocabulario para hablar de trabajo. Se hará referencia al léxico propio de las relaciones laborales, y algunas de las colocaciones más frecuentes en este ámbito. Trabajarás sobre los préstamos ingleses relacionados con el mundo de los negocios y sobre algunos "falsos amigos" que te pueden dar problemas. Como siempre, reflexionarás sobre la relación entre vocabulario y discurso, específicamente el léxico como comunicador de la actitud del autor o de la autora y el tono del texto. Para acabar, aprenderás algunos refranes sobre este tema.

Unidad 5

Plan de trabajo

Sesión 1: Léxico de la unidad y campos semánticos

Actividad 5.1	Activar el vocabulario conocido sobre ocupaciones laborales
Actividad 5.2	Léxico básico laboral en el contexto de la mujer
Actividad 5.3	Repaso del léxico de datos y cambios cuantitativos
Actividad 5.4	Búsqueda de sinónimos y antónimos en este campo semántico

Sesión 2: Gramática y uso de las palabras

Actividad 5.5	Palabras relacionadas con el ámbito del trabajo
Actividad 5.6	Colocaciones de verbo + sustantivo relacionadas con el tema
Actividad 5.7	Algunos "falsos amigos" relacionados con el tema
Actividad 5.8	Uso y abuso de tecnicismos de origen inglés

Sesión 3: Léxico y discurso

Actividad 5.9	Evidencia léxica de la actitud del autor
Actividad 5.10	Registro y estilo en cartas de negocios
Actividad 5.11	Refranes referentes al mundo del trabajo

Sesión 1 Léxico de la unidad y campos semánticos

Actividad 5.1

Para empezar vas a repasar el vocabulario que ya conoces para describir la situación laboral de las personas.

1 Observa los siguientes datos sobre personas inactivas. ¿Qué porcentaje de mujeres no buscaban empleo en 2005? ¿Y en el 2010? ¿Qué tendencia se observa?

Población inactiva por motivos de no buscar empleo

		2005	2006	2007	2008	2009	2010
AMBOS SEXOS	**Total (en miles)**	15,496.60	15,423.10	15,492.40	15,291.80	15,470.70	15,444.00
	Total razones familiares (por cien)	**23.1**	**21.8**	**22.2**	**20.3**	**15.9**	**15.4**
	Cuidar niños o adultos enfermos, discapacitados o mayores	24.1	24.3	24.7	24.4	26.6	27.9
	Otras responsabilidades familiares o personales	75.9	75.7	75.3	75.6	73.4	72.1
% MUJERES	**Total de mujeres (por cien)**	**64.1**	**63.3**	**63.1**	**62.1**	**61.2**	**60.9**
	Total razones familiares (por cien)	**97.8**	**97.0**	**96.5**	**96.5**	**96.4**	**95.7**
	Cuidar niños o adultos enfermos, discapacitados o mayores	97.7	97.2	97.0	97.0	97.5	97.6
	Otras responsabilidades familiares o personales	2.3	2.8	3.0	3.0	2.5	2.4

(Adaptado de Instituto de la mujer, España. http://www.inmujer.migualdad.es/mujer/mujeres/cifras/empleo/poblacion_inactiva.htm) [último acceso 07/05/10]

Nota: "inactivos" es el término usado para referirse a aquellas personas que no trabajan pero que no están buscando trabajo. Incluye a aquellas personas que no pueden trabajar por discapacidad (psíquica o física) y a aquellas que podrían trabajar pero que no quieren.

2 Ahora define lo que significan las expresiones "con empleo" y "en paro".

Actividad 5.2

A continuación vas a trabajar con un artículo periodístico sobre la mujer y el trabajo.

1   Primero lee el texto de la siguiente página una vez, para hacerte con el tema y el contenido general.

2   Lee el texto otra vez y subraya las expresiones que se relacionan con los temas del trabajo y del desempleo.

3   Por último ve a un diccionario monolingüe y mira el significado y los usos de las palabras que pertenecen a las familias léxicas de "trabajo" (trabajado, trabajador, trabajar, trabajoso) y "labor" (laborable, laboral, laborar, laboriosidad, laborioso, laborismo, laborista).

Situación laboral en España, la realidad de la mujer

Unión General de Trabajadores (UGT) ha celebrado, en el mes de noviembre, las Jornadas Confederales de Acción Sindical y Negociación Colectiva, en la que se plantean y debaten las directrices de actuación para afrontar la negociación de los convenios colectivos el próximo año.

Dentro del análisis del contexto laboral en España, se desarrolló, también, la situación de la mujer en el mercado de trabajo, constatando que las mujeres trabajadoras son las que más están pagando las consecuencias de la crisis y el aumento del paro.

Son evidentes los avances conseguidos en los últimos años, en los que el crecimiento de la economía ha permitido la incorporación de la mujer al mercado de trabajo, la equiparación de salarios y la incorporación de la mujer a puestos de responsabilidad. Sin embargo, la crisis económica ensancha, de nuevo, la brecha salarial entre mujeres y hombres, retrocediendo en los logros conseguidos en los años de bonanza.

Las diferencias por género en el mercado laboral español siguen siendo importantes y, aunque se han ido reduciendo considerablemente, el panorama actual no hace pensar que se pueda mantener ese ritmo de reducción de la brecha salarial existente.

Según la Encuesta de Población Activa, existe una fuerte integración de los hombres en el mercado de trabajo, con una tasa de actividad de casi el 70% en 2007, mientras las mujeres muestran una tasa que no llega al 50%, lo que supone 20 puntos por debajo de la tasa de ocupación masculina.

A pesar de esta situación, los datos indican que el peso de las mujeres en el total de personas empleadas está aumentando, aunque de forma lenta. Al mismo tiempo, el peso de la mujer en el total de desempleados disminuye de forma que, por primera vez, en el tercer trimestre de 2008 el porcentaje de mujeres desempleadas se sitúa por debajo del de hombres en la misma situación.

(Adaptado de *Boletín digital departamento confederal de la mujer*, no. 43, noviembre 2008)

Actividad 5.3

En el texto se utilizan tasas y porcentajes para ilustrar los puntos que se incluyen. En esta actividad repasarás este tipo de lenguaje.

¡Fíjate!

Ya conoces algunas de las formas más comunes para expresar datos y cambios cuantitativos, es decir, cómo dar información sobre cantidades y sus variaciones.

Existe una variedad de posibilidades para hablar de cantidades que pueden matizarse aumentando o disminuyendo la cifra de manera indeterminada. Expresiones como "la tasa de", "el porcentaje de", "el número de", "la media de", etc., suelen acompañar a estas cantidades. Los verbos "estar" y "ser" son los más frecuentes, aunque también se utilizan otros como "mantenerse" o "estabilizarse". Aquí tienes un resumen:

estar	bastante algo un poco casi	por debajo de por encima de	un / el 5% la mitad
ser	bastante algo un poco	menos de más de	el doble / triple / cuádruple la tercera / cuarta / quinta parte (de) un tercio / cuarto / quinto (de)

Por ejemplo:

El porcentaje de beneficios **está por debajo del 20%**.

El número de solicitantes **es algo más del doble** del año pasado.

Un poco más de la cuarta parte proviene de la región central.

Son muy frecuentes también las siguientes expresiones: uno/a de cada tres / cuatro / cinco, un total de, la mayoría / minoría de.

Por ejemplo:

Uno de cada diez empleados desconoce las normas de seguridad.

Cuando lo que se quiere expresar es una modificación de una cantidad, se utilizan verbos como: duplicar, triplicar, multiplicar(se) por, aumentar, crecer, incrementar, subir, elevar(se), disminuir, decrecer, descender, bajar, reducir(se), etc.

Por ejemplo:

El porcentaje de parados **se ha triplicado** en la última década.

El número de investigadores **ha aumentado** en más de un 5%.

1 Vuelve a leer el texto y marca con un círculo las frases que expresen datos o cambios cuantitativos.

Ejemplos

(a) Expresión de datos cuantitativos:

una tasa de actividad de casi el 70%. ...

(b) Expresión de cambios cuantitativos:

su progresiva incorporación al mercado de trabajo, ...

2 Ahora completa los espacios en blanco con expresiones del recuadro.

> por debajo • integración • reduciendo • casi el 70% • género • brecha

Las diferencias por (a) .... en el mercado laboral español siguen siendo importantes y, aunque se han ido (b) .... considerablemente, el panorama actual no hace pensar que se pueda mantener ese ritmo de reducción de la (c) .... salarial existente.

Según la Encuesta de Población Activa, existe una fuerte (d) .... de los hombres en el mercado de trabajo, con una tasa de actividad de (e) .... en 2007, mientras las mujeres muestran una tasa que no llega al 50%, lo que supone 20 puntos (f) .... de la tasa de ocupación masculina.

Actividad 5.4

En esta actividad trabajarás con términos sinónimos y antónimos relacionados con el tema.

1 Las siguientes columnas contienen palabras sinónimas u opuestas a otras que aparecen en el artículo. Busca en el texto de la actividad 5.2 las palabras que te permitan completar las dos columnas.

Sinónimos en el texto	Antónimos en el texto
estudio = *análisis*	avances ⇔ *retrocesos*
situación =	
beneficios =	disminución (del desempleo) ⇔
importancia =	retracción ⇔
acordado =	disparidad ⇔
	incremento ⇔

2 Ahora haz un resumen del artículo (de unas 50 palabras) utilizando los sinónimos y antónimos encontrados.

Sesión 2 Gramática y uso de las palabras

Actividad 5.5

En esta actividad aprenderás a usar las palabras que hacen referencia al concepto de trabajo.

1 A continuación tienes varias definiciones del diccionario de sustantivos relacionados con el concepto de trabajo, acompañadas de ejemplos en letra cursiva. Con ayuda de las definiciones y los contextos de las frases, decide qué término del recuadro debe ir en cada espacio. Ten en cuenta que algunas de las palabras del recuadro corresponden a más de una definición.

> trabajo • puesto • cargo • plaza •
> función • oficio • labor • actividad •
> tarea • obra

Definiciones con ejemplos

(a) Empleo o puesto que uno ocupa en un trabajo. *Empezó con un ...... bajo, pero pronto la ascendieron.*

(b) Conjunto de tareas propias de una persona, profesión o institución. *Fue en la década de los 60 que desarrolló mayormente su ...... política.*

(c) Puesto o dignidad que tiene una persona. *Tiene un buen ...... en el ministerio.*

(d) Empleo o puesto de trabajo (muchas veces con el sentido de "vacante"). *No habrá ...... vacantes hasta la primavera. Está estudiando porque quiere sacar la ...... de funcionario. Van a sacar tres ...... de profesores de español.*

(e) Cualquier tipo de trabajo o actividad, especialmente el que debe hacerse en un tiempo determinado. *La ...... escolar. Las ...... de la casa. Las ...... del campo.*

(f) SINÓNIMO cargo, categoría. *Un ...... directivo. Tengo un buen ...... en la fábrica.*

(g) (preferentemente en plural) Actividad específica de un cargo o un empleo. *Además de mi trabajo de contable también ejerzo las ...... de consejero del director en asuntos financieros.*

(h) Profesión, especialmente una que implica cierto grado de habilidad manual. *El ...... de carpintero es uno de los que más le atraen.*

(i) Actividad que realiza una persona de forma habitual a cambio de un sueldo. SINÓNIMO empleo. *Estoy buscando .... No hay ...... suficiente para todos los ciudadanos.*

(j) Operación que requiere esfuerzo físico. *Tengo ...... para una hora. Esto necesita mucho .... Ese tipo de ...... lo hacen las mulas.*

(k) Trabajo o actividad de una persona. *Las ...... de la casa. Hace una gran ...... con los niños discapacitados.*

(l) Trabajo de albañilería o ingeniería civil. *La ...... de la casa les costó un ojo de la cara. Esta parte de la ciudad está en ....*

2 Algunas de las palabras relacionadas con el concepto de trabajo pueden cambiar de significado en algunos usos del plural. Lee las siguientes frases y explica el sentido de las palabras en negrita.

Ejemplo

En el carné de identidad de mi madre figuraba como ocupación **"sus labores"**.

"sus labores" = ocupación de la mujer que es ama de casa.

(a) Lo que menos le gustaba hacer eran las **labores domésticas**.

(b) Las **labores** agrícolas son muy esclavas.

(c) La calle Mayor permanecerá cerrada al tráfico todo el mes de julio por **obras**.

(d) A su muerte había alcanzado fama y fortuna, pero durante casi toda su vida pasó muchos **trabajos**.

(e) Durante la larga enfermedad del Director, el señor Martínez tuvo que desempeñar el cargo de director **en funciones** de la compañía.

(f) Aunque no sabía con exactitud de qué **cargos** se le iba a acusar, estaba claro que el carné de conducir se lo retirarían.

Actividad 5.6

Ahora practicarás colocaciones de verbo + sustantivo de uso frecuente en contextos laborales.

1 Primero empareja los siguientes verbos con los sustantivos apropiados. (Fíjate que un verbo puede que se combine con más de un sustantivo). Consulta un diccionario monolingüe en caso de duda. Cuando hayas terminado, consulta la clave y lee en voz alta cada una de las combinaciones.

Verbo	Sustantivo
repartir	un cambio
subir	un análisis
promover	los mismos papeles / el cargo / el papel
producirse	decisiones
tomar	el nivel
potenciar	puestos
adelantar	los valores
desempeñar	la participación activa
hacer	responsabilidades

2 Ahora completa los espacios en blanco con el verbo más apropiado sin mirar el paso anterior; la primera letra de cada verbo se da. No olvides poner el verbo en su forma correcta.

A pesar de la progresiva incorporación de la mujer al mercado laboral, todavía hay quien resalta la necesidad de (a) **p......** la participación activa de las mujeres en todos los ámbitos laborales. Es indudable que la mujer puede (b) **d......** los mismos papeles en la sociedad. Sin embargo, si (c) **h......** un análisis de lo que realmente está ocurriendo, las estadísticas demuestran que las responsabilidades laborales continúan mal (d) **r......** y que las mujeres raramente pueden (e) **t......** decisiones de poder. Si bien es cierto que la mujer ha (f) **a......** puestos en los últimos años, también es cierto que todavía tiene que (g) **p......** un cambio que (h) **p......** los valores de una sociedad igualitaria en la teoría y la práctica.

Actividad 5.7

En esta actividad aprenderás algunos "falsos amigos" frecuentes en el mundo del trabajo.

Completa la siguiente tabla.

Término español	Falso amigo en inglés	Equivalente correcto en inglés
actual	*actual*	*present*
agenda		
casual		
consistente		
destitución		
editar		
encuesta		
eventual		
jubilación		
notorio		
resumir		

Actividad 5.8

Como verás a continuación, el mundo del trabajo y de los negocios es un área donde se utiliza un gran número de anglicismos.

¡Fíjate!

Como ya sabes, muchas palabras nuevas o de reciente creación en español provienen de otras lenguas. Las que provienen del inglés se denominan "anglicismos", del francés "galicismos", del alemán "germanismos", etc. Muchas veces estos extranjerismos llenan un vacío que existía en la lengua, pero a menudo no son necesarios, ya que existe una palabra española con el mismo significado. En el mundo laboral abundan especialmente los anglicismos.

Completa el siguiente crucigrama con términos en español equivalentes a los anglicismos de la siguiente lista.

Horizontales

5. *Ranking* Ordenación de un conjunto de objetos.
6. *Stand* Lugar en una feria o mercado donde se exponen o venden productos.
7. *Directivas* Instrucciones, normas.
9. *Auditing* Revisión financiera y administrativa de una empresa por especialistas ajenos a ella.

Verticales

1. *Cash-flow* Diferencia entre costos e ingresos.
2. *Lunch* Comida ligera (asociada con ejecutivos).
3. *Marketing* Técnicas de estudio de mercados dirigidas a promover un producto o servicio.
4. *Sponsor* Persona o institución que ayuda o apoya financieramente a una persona o empresa.
5. *Consulting* Entidad dedicada a asesorar empresas.
8. *Standing* Nivel socioeconómico de una persona o de un grupo.

Sesión 3 Léxico y discurso

Actividad 5.9

Incluso en textos donde abundan los datos objetivos hay lugar para expresar un punto de vista o valoración personal de los datos.

1 Considera de nuevo el artículo del comienzo de esta unidad y reflexiona: ¿Cuál crees que es la valoración que el autor hace sobre el informe que presenta? ¿Le parece al autor que los resultados del estudio que menciona son positivos?, ¿desalentadores?

¡Fíjate!

El uso de datos e información precisa no implica necesariamente objetividad. El texto de esta unidad, "La situación laboral en España, la realidad de la mujer", es de tipo periodístico. Sin embargo el punto de vista o la actitud del autor queda reflejado en la selección y presentación de los datos que incluye, y también en la elección que hace de determinadas palabras.

2 Ahora vuelve a leer el texto, identifica palabras que reflejen la problemática de la situación laboral de la mujer y clasifícalas en las siguientes categorías:

Verbos: *están pagando*

Sustantivos: *consecuencias*

Adjetivos: *avances conseguidos*

Partículas y expresiones negativas (o no positivas): *20 puntos por debajo*

3 Utilizando los datos del recuadro escribe un texto de unas 140 palabras aparentemente objetivo pero con un mensaje positivo y optimista. No olvides:

• enfatizar los datos positivos del informe y quitar importancia a los negativos;

• utilizar vocabulario con connotaciones positivas.

Nuevas políticas laborales del gobierno

—la discriminación positiva: para el año 2014 todas las empresas de más de 51 empleados deben tener al menos un 40% de mujeres;

—el gobierno diseña un nuevo sistema de solicitud de empleo que prohíbe hacer mención a la situación familiar del empleado o de la empleada (estado civil, cargas familiares, etc.);

—el gobierno lanza un programa de inspección de salarios con el fin de poner término a la discriminación salarial que sufren las mujeres.

Actividad 5.10

En esta actividad vas a identificar las diferencias entre una carta formal y una informal.

1 A continuación tienes fragmentos de dos cartas que Severo de Bascarán ha escrito para solicitar un puesto de traductor. Una es informal dirigida a una amiga suya que tiene una empresa de traducción, y la otra está dirigida al jefe de personal de otra agencia de traducción. Reconstruye cada carta.

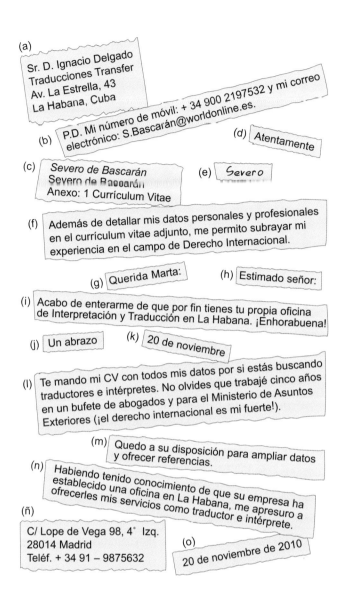

(a)
Sr. D. Ignacio Delgado
Traducciones Transfer
Av. La Estrella, 43
La Habana, Cuba

(b) P.D. Mi número de móvil: + 34 900 2197532 y mi correo
electrónico: S.Bascarán@worldonline.es.

(d) Atentamente

(c) Severo de Bascarán
Severo de Bascarán
Anexo: 1 Currículum Vitae

(e) Severo

(f) Además de detallar mis datos personales y profesionales
en el currículum vitae adjunto, me permito subrayar mi
experiencia en el campo de Derecho Internacional.

(g) Querida Marta:

(h) Estimado señor:

(i) Acabo de enterarme de que por fin tienes tu propia oficina
de Interpretación y Traducción en La Habana. ¡Enhorabuena!

(j) Un abrazo

(k) 20 de noviembre

(l) Te mando mi CV con todos mis datos por si estás buscando
traductores e intérpretes. No olvides que trabajé cinco años
en un bufete de abogados y para el Ministerio de Asuntos
Exteriores (¡el derecho internacional es mi fuerte!).

(m) Quedo a su disposición para ampliar datos
y ofrecer referencias.

(n) Habiendo tenido conocimiento de que su empresa ha
establecido una oficina en La Habana, me apresuro a
ofrecerles mis servicios como traductor e intérprete.

(ñ)
C/ Lope de Vega 98, 4° Izq.
28014 Madrid
Teléf. + 34 91 – 9875632

(o) 20 de noviembre de 2010

2 Escribe dos listas con los elementos de cada
carta.

Carta formal

Dirección del remitente

Dirección del destinatario

Fecha ...

Carta informal

...

Actividad 5.11 _____

Un poco de sabiduría popular, esta vez con
refranes relacionados con el mundo del trabajo.

De médico experimentador me libre Dios

(Grabado de Jericke a partir de un cuadro de
G. Harburger, *La Ilustración Artística*, 1887)

No hay mejor lotería que el trabajo y la economía

(Grabado de Jiménez, *Los españoles pintados
por sí mismos*, Visor libros)

No hay tal maestro como fray ejemplo.

(Grabado de Baude a partir de un cuadro de A. Guillou, *La Ilustración Artística*, 1895)

1 Entre los refranes sobre el tema del trabajo abundan los que enseñan y aconsejan sobre qué hacer en algunas situaciones. Relaciona los refranes con las advertencias que los siguen.

Refranes:

(a) No hay mejor lotería que el trabajo y la economía.

(b) A río revuelto, ganancia de pescadores.

(c) No hay nadie tonto para su negocio.

(d) No hay tal maestro como Fray Ejemplo.

(e) Oficial de mucho, maestro de nada.

(f) El oficio, bueno o malo, de comer da a su amo.

(g) La avaricia rompe el saco.

(h) De médico experimentador me libre Dios.

Advertencias:

(i) Enseña que con lo propio nadie se deja engañar.

(ii) Advierte contra los que se aprovechan de las situaciones turbulentas.

(iii) Advierte contra los que parecen saber de todo.

(iv) Advierte contra la imprudencia y el atrevimiento.

(v) Advierte contra la tentación de enriquecerse con juegos de azar.

(vi) Advierte que el que quiere demasiado puede quedarse sin nada.

(vii) Advierte contra las enseñanzas demasiado teóricas.

(viii) Enseña que cualquier trabajo asegura el sustento.

(Adaptado de L. Junceda, 1994 *Diccionario de refranes*, Espasa-Calpe, Madrid)

2   Relaciona los siguientes titulares de periódico con un refrán del paso anterior:

Ejemplo

Muere al ser tratado con un fármaco todavía en fase de experimentación.

"De médico experimentador me libre Dios".

"Hablo cinco idiomas, tengo un máster y trabajo de barrendero", confiesa cabeza de familia.

(a)

Condenado por fraude el contable de un pequeño negocio en León al encontrarse pruebas que confirman la dudosa validez de la contabilidad en los últimos 10 años.

(b)

Ama de casa pierde todo su sueldo en una hora en máquina tragaperras.

(c)

"La universidad no prepara para el mundo del trabajo", afirman los universitarios españoles.

(d)

Medio ambiente

En esta unidad vas a ampliar el léxico
relacionado con el medio ambiente. Para
ello explorarás el campo semántico del
"desarrollo y progreso" así como algunos de
los sufijos y prefijos más frecuentes en este
contexto. Para terminar aprenderás algunas
locuciones coloquiales inspiradas en la
naturaleza.

Plan de trabajo

Sesión 1: Léxico de la unidad tema y campos semánticos

Actividad 6.1	Vocabulario sobre temas ecológicos
Actividad 6.2	Identificación y ordenación de las ideas principales
Actividad 6.3	Búsqueda de expresiones a partir de sinónimos y antónimos y de definiciones (campo semántico de la conservación)
Actividad 6.4	Vocabulario sobre problemas medioambientales y medidas de protección adecuadas
Actividad 6.5	Campo semántico del "desarrollo y progreso"

Sesión 2: Gramática y uso de las palabras

Actividad 6.6	Colocaciones relacionadas con el tema en la forma de verbo + complemento y en grupo nominal
Actividad 6.7	Valores de condicional, temporal, concesivo y causal del gerundio
Actividad 6.8	Sufijos "-ado", "-ido" y "-ble"
Actividad 6.9	Prefijos "eco-"

Sesión 3: Léxico y discurso

Actividad 6.10	Cohesión del discurso a través de una variedad de expresiones para un mismo referente
Actividad 6.11	Uso de expresiones de tipo intensificador
Actividad 6.12	Tema, autor y registro
Actividad 6.13	Locuciones coloquiales inspiradas en el tema de la naturaleza

Sesión 1 — Léxico de la unidad y campos semánticos

Actividad 6.1

El ritmo de la extinción de especies en nuestro planeta es un problema tan grave que se habla de "catástrofe biológica". Las razones por las que muchas especies van desapareciendo son diversas, pero la intervención humana es uno de los principales factores.

Lee los siguientes enunciados y di con cuáles estás de acuerdo y con cuáles en desacuerdo, y por qué.

> Millones de personas en el mundo mueren de hambre. La conservación de especies no es, pues, un problema prioritario.

> Hay todavía muchas especies en el planeta, no es necesario preocuparse porque algunas desaparezcan.

> El futuro de la conservación de la variedad de especies en el mundo depende de la situación económica y de la opinión pública de los países.

> "Es labor de los gobernantes proteger los espacios naturales con leyes más estrictas."

Actividad 6.2

En esta actividad leerás un texto sobre la diversidad biológica.

1   Lee el artículo una vez para familiarizarte con el tema.

Diversidad biológica

La pérdida actual de biodiversidad y los cambios derivados en el medio ambiente se están produciendo a una velocidad hasta ahora desconocida en la historia de la humanidad, más de cien veces superior respecto al ritmo natural, y no hay indicios de que este proceso se esté ralentizando. Prácticamente todos los ecosistemas de la Tierra han experimentado una transformación radical fruto de la mano del hombre, y continúan transformándose.

Los grandes generadores de dicho cambio son sin duda la transformación de cobertura del suelo y la sobrepesca, pero también están ejerciendo una gran influencia la modificación de los hábitat, la introducción y propagación de especies exóticas invasoras, la sobreexplotación de los recursos naturales y la contaminación, especialmente la provocada por el abuso de los fertilizantes que se traduce en un exceso de nutrientes en los suelos y el agua. Y a todo esto hay que sumar el cambio climático, que se prevé que producirá un aumento del riesgo de extinción de especies, inundaciones, sequías, reducción de las poblaciones y epidemias.

Y toda esta pérdida de biodiversidad repercutirá, y repercute ya, en el bienestar del ser humano, debido al mayor riesgo que se ha generado de que se produzcan cambios medioambientales repentinos, como la disminución drástica de las poblaciones de peces, inundaciones, sequías, incendios forestales y enfermedades. Pero tambié... ...a, como ya le está a...ectando, en for...a de conflictos y crisis humanitarias motiva...s ...alimentos y recurs...

Todo e...os nos llevará a tener que tomar decisiones importantes sobre los compromisos entre objetivos en conflicto, como por ejemplo entre la producción agrícola y la calidad del agua, o entre el uso del agua y la biodiversidad acuática. Así, las políticas que más contribuyan a la conservación de la biodiversidad fomentarán a su vez un mayor bienestar del ser humano al mantener los beneficios múltiples derivados de los ecosistemas.

Y no h...y ...que debe estar b... ...fo...da sobre los ...e...os que se derivan ...de la conse...ación de la bio...ersidad y hay q... ...a...e abiertamente y con visión de conjunto las contrapartidas que surgen al favorecer unas opciones en detrimento de otras. Pero aunque los motivos económicos pueden justificar por sí solos una mayor protección de la biodiversidad, el grado de biodiversidad que se conserve no debería depender únicamente de las consideraciones utilitaristas, sino también de las implicaciones éticas. Cuando se trata de decidir entre mejorar el bienestar humano y frenar la pérdida de biodiversidad, busquemos las formas para que se produzcan sinergias entre ambos.

(Solé, M. http://www.cima.org.es/diversidadbiologica.html) [último acceso 18.8.10]

2 Lee las siguientes frases y subraya en el texto las expresiones con un significado equivalente a las que están realzadas en negrita.

unprecedented *highlighted*

(a) **El ritmo inédito** al que está desapareciendo **la variedad de especies animales y botánicas** acompañado de cambios en el medio ambiente **no da muestras de disminuir**. Es difícil encontrar un ecosistema inalterado como **resultado de la intervención humana.**

(b) Es innegable que los cambios en la capa del suelo y la pesca excesiva producen estas alteraciones, pero el que **se traigan plantas y animales raros que desplazan a los autóctonos** ciertamente aumenta el problema. Además la forma excesiva e indebida en que se ha intentado hacer que la tierra produzca más empeora la situación. Y no hay que olvidarse de los **desastres naturales** que vendrán de la mano del cambio climático.

(c) **Las modificaciones inesperadas en nuestro hábitat** afectan negativamente nuestra forma de vida ya que nos acechan desastres naturales causados por la desaparición de la variedad biológica. Además **la falta de comida y agua** resultará en problemas.

(d) **Fines contrapuestos** obligarán a hacer elecciones difíciles entre distintas actividades humanas necesarias. Las políticas que más contribuyan **a mantener la variedad de flora y fauna** harán que podamos vivir mejor conservando el patrimonio ecológico.

Actividad 6.3 _____

Busca en los dos primeros párrafos del artículo las palabras que signifiquen:

(a) Conjunto de seres vivos, el ámbito en el que viven y las relaciones que se establecen entre ellos. *ecosistemas*

(b) Conjunto de condiciones geofísicas en que se desarrolla la vida de una especie o de una comunidad animal o vegetal. *los hábitat*

(c) Alteración nociva de la pureza o las condiciones normales de una cosa o un medio por agentes químicos o físicos. *contaminación*

(d) Alimento que aumenta la sustancia del cuerpo animal o vegetal, reparando las partes que se van perdiendo debido a las acciones de degradación de sustancias. *los fertilizantes.*

Actividad 6.4 _____

Aquí tienes una lista de problemas medioambientales. Sugiere al menos una medida de protección medioambiental para cada problema.

Problemas medioambientales	Medidas de protección medioambiental
Desertización	Reforestación
Desaparición de especies	
Venenos y pesticidas	
Agotamiento de las fuentes de recursos	
Contaminación en las ciudades	
Exceso de sustancias químicas en verduras y productos cárnicos	
Fuegos forestales	
Tráfico de pieles y productos de animales protegidos	

Actividad 6.5 _____

Además de la idea de protección y conservación, el artículo ofrece numerosas expresiones relacionadas con la idea de cambio y transformación, también frecuente en el ámbito de la ecología.

1 Subraya en el texto del artículo las palabras (verbos, adjetivos, sustantivos) o frases cuyo significado esté relacionado con la idea de cambio y transformación. *Use ✱*

Ejemplo

La **pérdida** actual de biodiversidad

2 A continuación tienes otras expresiones parecidas a las que acabas de subrayar en el texto. Tacha el intruso que no se puede usar para sustituir la palabra en negrita en el contexto de cada una de las frases. Utiliza un diccionario monolingüe si lo necesitas.

Ejemplo

Con el programa *Hacia un desarrollo sostenible* se intenta **cambiar** la actitud de todos los ciudadanos para que consideren conductas de mayor cooperación.

transformar • ~~difundir~~ • modificar • alterar *broadcast, spread*

(a) La Sección de Turismo Activo convoca a un nuevo concurso en busca de iniciativas que **generen** un entusiasmo hacia un turismo activo. *calls together*

planteen • creen • estimulen • ~~inciten~~

(b) La protección de algunos territorios en la región es, según algunos, más un signo de **retroceso** que de progreso.

~~civilización~~ • ~~avance~~ • evolución • ~~desarrollo~~

(c) El turismo sostenible se introducirá
como elemento **dinamizador**
en los parajes más recónditos de
Latinoamérica. — *remote, isolated*

movilizador • motor • actor •
activador

(d) El gobierno pretende **activar** la
economía de algunos lugares
estancados haciendo uso de los
espacios naturales.

estimular • frenar • acrecentar •
avivar

(e) El proyecto para **promover** el turismo
sostenible en los espacios protegidos
ha tenido respuestas muy diferentes.

desarrollar • promocionar • fomentar
• soportar

Sesión 2   Gramática y uso de las palabras

Actividad 6.6 _____

En esta actividad vas a aprender a transformar expresiones verbales en expresiones nominales.

Observa el ejemplo, en que un grupo de verbo + complemento se transforma en un grupo nominal de artículo + sustantivo + "de". Haz lo mismo con las frases que vienen a continuación.

Ejemplo

Es prioritario **desarrollar un turismo respetuoso** con la naturaleza. →

Es prioritario **el desarrollo de un turismo respetuoso** con la naturaleza.

La conservación de

(a) **Conservar la energía** debe ser un objetivo de todas las comunidades.

(b) No debería ser necesario tener leyes para **salvaguardar el patrimonio natural**. *la salvaguardia del patr*

(c) Los seres humanos tienen la responsabilidad de evitar **que desaparezcan las especies**. *prevent la desaparición de las*

(d) Es necesario **proteger nuestro entorno** para las generaciones futuras. *la protección de*

(e) **Degradar el ambiente** traerá en poco tiempo consecuencias funestas. *la degradación del*

Actividad 6.7 _____

En esta actividad podrás comprobar la flexibilidad semántica del gerundio.

Lee con atención los siguientes ejemplos e intenta identificar el matiz condicional, concesivo, causal o temporal de la frase. Luego transforma cada frase utilizando la partícula adecuada del recuadro, de acuerdo a la significación que aporta el gerundio.

¡Fíjate!

Las circunstancias de condición, causa, tiempo o concesión pueden ser introducidas en una oración, o bien por un gerundio o bien por los nexos "si", "como", "cuando", "aunque" o "mientras que" respectivamente. Estos nexos suelen utilizarse sobre todo en los usos más formales de la lengua.

Por ejemplo, el valor temporal de la siguiente oración puede expresarse de estas dos maneras sin cambiar su significado:

> Se persigue crear nuevas fuentes de riqueza, **salvaguardando** a la vez nuestro patrimonio natural.

> Se persigue crear nuevas fuentes de riqueza, **mientras que** a la vez **se salvaguarda** nuestro patrimonio natural.

Ejemplo

Conseguirán mayor protección de fauna y flora autóctona **involucrando** a las comunidades de la zona.

Condicional: si involucran

si... (condicional) • aunque (concesiva) • como (causal) • cuando (temporal)

(a) **Desapareciendo** especies como desaparecen, nadie hace nada. *causal*

(b) **No habiendo reaccionado** a tiempo ante la tala masiva de árboles, el Ayuntamiento decidió que era demasiado tarde para actuar. *causal*

(c) **Teniendo en cuenta** el panorama actual de catástrofes biológicas, hay pocas dudas de que la conservación de la biodiversidad biológica del planeta requiere prioridad. *concesiva*

(d) **Abriendo** los espacios naturales, estaremos contribuyendo a profundizar en el conocimiento de la tierra y la cultura.

(e) **Despertando** el interés de todos por la conservación de la biodiversidad, se puede todavía salvar parte de las selvas tropicales.

Actividad 6.8

A continuación vas a practicar el uso de algunos sufijos muy frecuentes.

¡Fíjate!

Los sufijos "-ble" ("-able", "-ible") y "-do" ("-ado", "-ido") forman adjetivos a partir de verbos. La elección de un sufijo u otro es importante porque cada uno tiene un significado diferente.

El sufijo "-ble" es invariable y denota "posibilidad" o "capacidad":

desmont**ar** → desmont**able**; tem**er** → tem**ible**; constru**ir** → constru**ible**.

El sufijo "-do/a" es variable en cuanto al género y denota "estado que resulta de una acción":

desmont**ar** → desmont**ado/a**; tem**er** → tem**ido/a**; constru**ir** → constru**ido/a**.

Por ejemplo, a partir del verbo "reciclar" se pueden formar adjetivos que califican a los sustantivos de distinta manera:

Se intentará usar material **reciclable** en todas las cajas. (= que puede reciclarse)

El material **reciclado** es de gran resistencia. (= ya reciclado)

Transforma el verbo en el adjetivo más apropiado para cada frase.

Ejemplo

La utilización de envases...... (**reciclar**) reducirá la acumulación excesiva de residuos tóxicos.

La utilización de envases *reciclables* reducirá la acumulación excesiva de residuos tóxicos.

(a) El turismo está implicado en la sobreexplotación de recursos ...... (**renovar**).

(b) La abundancia de turistas y la contaminación están dando como resultado un medio natural muy ...... (**degradar**).

(c) En los últimos años se observa una ...... (**declarar**) política conservacionista en todos los países.

(d) Los espacios protegidos ...... (**gestionar**) por las organizaciones no gubernamentales están mejorando sus condiciones.

(e) El turismo ...... (**sostener**) reconoce explícitamente la necesidad de protección del medio ambiente y se compromete a conservar los recursos naturales y culturales sobre los que se sustenta.

Actividad 6.9

En esta actividad trabajarás con dos prefijos relacionados con el medio ambiente.

¡Fíjate!

Los vocablos griegos "bio-" y "eco-" se utilizan para formar sustantivos y adjetivos relacionados con el ámbito de la naturaleza en general. Ambos suelen funcionar como prefijos por su posición inicial en la palabra. "Bio-" significa "vida": biosfera, biodegradable. "Eco-" significa "casa": ecologista, ecológicas.

Por ejemplo:

La X Feria de Biocultura abrirá este año las puertas a más de 500 expositores.

Detergente para lavar a mano Verde. Ahora en ecopack.

1   Completa las frases que vienen a continuación con las palabras del recuadro.

Ejemplo

La instalación de la central nuclear despertó la protesta de *los ecologistas*.

biológico • ecología • ecológico • biografía • ecosistemas • biodegradables • bioética

(a)   La ciencia que se ocupa del estudio de ecosistemas se denomina ......

(b)   En la ...... publicada recientemente, se descubre una trayectoria vital dominada desde la niñez por el amor a la naturaleza.

(c)   Para no romper el equilibrio de los ...... es necesario tener en cuenta las especies que viven en un espacio determinado y las relaciones que se establecen entre ellos.

(d)   Una de las propuestas conservacionistas para evitar la contaminación biológica es la utilización de envases ......

(e)   La cuestión sobre la moralidad de la utilización de animales para el provecho de los seres humanos es algo de lo que se ocupa la ......

(f)   Bajo el tema general de lo que los científicos llaman "cambio ...... global" aparecen también como tremendamente importantes otros problemas.

(g)   Las grandes cadenas de supermercados van introduciendo poco a poco los productos de cultivo ......

2   Aquí tienes una lista de definiciones de algunas disciplinas que usan los prefijos "bio-" y "eco-". Léelas y trata de deducir a qué disciplina se refiere cada una.

(a)   Parte de la química que estudia la composición y las reacciones químicas de los seres vivos.

(b)   Ciencia que estudia los aspectos éticos de la medicina y de la biología en general.

(c)   Disciplina que estudia estadísticamente los fenómenos o procesos biológicos.

(d)   Ciencia que estudia los seres vivos.

(e)   Parte de la biología que aplica los métodos de la física al estudio de los seres vivos.

(f)   Ciencia que estudia los ecosistemas o estudio de las perturbaciones provocadas por el ser humano en el medio ambiente.

Sesión 3   Léxico y discurso

Actividad 6.10

En esta actividad vas a trabajar de nuevo con el texto de la primera sesión para descubrir los elementos léxicos que contribuyen a la cohesión del texto.

1   Ve de nuevo al texto *Diversidad biológica* y anota todas las expresiones que se refieran a las ideas de extinción y protección.

Extinción	Protección
La pérdida	políticas que más contribuyan a la conservación de la biodiversidad

2   El texto usa varias veces la palabra **"biodiversidad"** para referirse a la diversidad biológica Anota otras expresiones que se podrían utiliza para expresar **"biodiversidad"**.

Ejemplo

patrimonio natural

¡Fíjate!

En la primera sesión viste como algunos elementos que, sin ser sinónimos exactos, servían la misma función dentro del texto. La repetición de una idea o un referente utilizando expresiones distintas contribuye a la cohesión y coherencia interna del texto, al mismo tiempo que evita la redundancia.

3   Escribe un pequeño texto de unas 100 palabras sobre la biodiversidad. La palabra "biodiversidad" solo puede aparecer una vez. Puedes usar los sinónimos del ejercicio anterior, y otras palabras o expresiones que, en el contexto, se refieran claramente a la biodiversidad.

Actividad 6.11

En esta actividad vas a practicar distintas formas de expresar algo cualitativamente y dar énfasis a las opiniones a través de adjetivos y adverbios.

1   Las siguientes frases están basadas en el texto de la actividad 6.2. Aunque todas tienen sentido, se les puede añadir un elemento intensificador para que resulten más convincentes. Rellena cada espacio con uno de los adjetivos o adverbios del recuadro.

delicado • rápidamente • inminente • fundamental • creciente • masiva • fuertemente

(a)   Todos los ecosistemas de la Tierra sufren ...... los efectos de la ...... presencia humana.

(b)   Los hábitats naturales han sufrido una transformación ...... que ha provocado cambios en el ...... equilibrio de la biosfera.

(c)   Muchas especies de plantas y animales se encuentran en peligro ...... de extinción.

(d)   La sociedad debe tomar conciencia ...... de que la diversidad ecológica es una parte ...... de nuestro patrimonio o pronto será demasiado tarde para intervenir.

2   Lee las siguientes frases y luego busca en el texto de la Actividad 6.2 la estructura comparativa o superlativa correspondiente que ha utilizado el autor para dar más peso a sus argumentos.

(a)   La pérdida actual de biodiversidad y los cambios derivados en el medio ambiente se están produciendo a gran velocidad.

(b) Las políticas que contribuyan a la conservación de la biodiversidad fomentarán a su vez el bienestar del ser humano al mantener los beneficios derivados de los ecosistemas.

¡Fíjate!

En las unidades anteriores has aprendido a interpretar los elementos lingüísticos de un texto para descubrir la posición de un autor o una autora en relación al tema y su valoración de los hechos. También has visto cómo el tono y el registro indican el tipo de texto que es y la audiencia a la que va dirigido.

Otro recurso lingüístico que afecta el contenido de los textos es el uso de elementos intensificadores como los adjetivos y adverbios. El uso de estos elementos es bastante común en textos de alto contenido expresivo, o cuando se trata de convencer a alguien de algo.

Así, por ejemplo, el autor de este texto intenta transmitir la idea de que es prioritario y urgente hacer algo para evitar el desastre ecológico y utiliza abundantes construcciones con adjetivos y adverbios.

Los adjetivos y adverbios pueden aparecer antepuestos o pospuestos a la palabra que complementan cualitativamente. Como ya sabes, ambos se utilizan mucho en las estructuras comparativas, superlativas y consecutivas. Además de las que ya conoces, existen otras como:

(a) "un/a" + (sustantivo +) "de lo/la" + (sustantivo +) "más" + adjetivo

Son **unas de las** cataratas **más grandes** del mundo.

Tienen un problema **de lo más acuciante**.

(b) "lo" + adjetivo / adverbio + "que" + verbo

Me sorprende **lo poco que** han conseguido salvar.

Es impresionante **lo rápido que** se ha purificado el agua.

3 Vuelve a escribir las siguientes oraciones incorporando el elemento intensificador en el lugar adecuado.

Ejemplo

La llegada del hombre a América coincide con la desaparición de decenas de especies. (masivo) →

La llegada del hombre a América coincide con la desaparición **masiva** *de especies.*

(a) Algunos estudios sugieren que cambiarán los patrones de lluvia a nivel regional, y que esto afectará al planeta entero. (**significativamente**)

(b) El colapso de Teotihuacán puede asociarse a procesos de explotación del ambiente. (**excesivo**)

(c) El subcontinente está entrando en un proceso de deterioro ecológico, que demandará nuestros esfuerzos para detenerlo. (**acelerado, mejor**)

(d) La degradación de los ecosistemas costeros es un problema ecológico importante que afecta a Latinoamérica. (**uno de + lo/la más + adj**)

(e) Con la desaparición de los cultivos tradicionales está desapareciendo un gran legado de la región a la humanidad. (**uno de + lo/la más + adj**)

4 Sin mirar el texto utiliza las palabras en el recuadro para resumir oralmente la postura del autor respecto a la relación entre la actividad humana y la diversidad biológica.

> biodiversidad • intervención humana • desastres naturales • soluciones • bienestar humano

Actividad 6.12

En esta actividad vas a seguir analizando los rasgos lingüísticos que evidencian la presencia del autor, esta vez a través del registro que usa.

1 Lee otra vez el texto "Diversidad biológica" y completa los siguientes apartados que te ayudarán a caracterizar el tipo de texto que es y a identificar rasgos de la figura del autor o autora.

Vocabulario especializado propio del tema: diversidad biológica, ...

Expresiones formales de análisis: se están produciendo…, no hay indicios de que este proceso se esté ralentizando...

Enjuiciamiento / opinión: una velocidad hasta ahora desconocida en la historia de la humanidad, más de cien veces superior respecto al ritmo natural...

Estructuras para incluirnos a todos y para promover la idea de que somos parte de la misma comunidad: Todo ello nos llevará a tener que tomar decisiones...

2 Ahora contesta las siguientes preguntas:

(a) ¿De qué tipo de texto se trata: una carta, un informe, un ensayo crítico o una reseña? Justifica tu respuesta.

(b) ¿Qué se puede saber del autor o autora?

Actividad 6.13

Ahora, la amplia gama de locuciones coloquiales inspiradas en la naturaleza. El tema de la naturaleza ha producido una gran riqueza de expresiones coloquiales. Aquí tienes una serie de coloquialismos en negrita. Explica lo que significan. Utiliza el contexto de la frase para deducir su significado y, en caso de duda, consulta un diccionario monolingüe.

Ejemplo

No se te ocurra pedirle un favor nada más levantarse, siempre **está de mala uva** por las mañanas.

Está de muy mal humor / enfadado.

(a) Juan nunca falta al trabajo por razones de salud. No recuerdo haberlo visto nunca enfermo. La verdad es que **está hecho un roble**.

(b) Ella intenta ayudar en lo que puede, pero todavía es pequeña. **¡No se puede pedir peras al olmo!**

(c) Ahora que has empezado a trabajar te darás cuenta de que **no todo el monte es orégano**. Ganar dinero está bien, pero también te cargas con responsabilidades y disgustos.

(d) ¡Pues claro que me he dado cuenta de que este no era mi lapicero! ¡Yo sé muy bien cuál es el mío. ¡Te habías creído que me podías **dar gato por liebre**!

(e) Ernesto siempre se las arregla para **hacer una montaña de un grano de arena**. ¡Y eso que su jefe le ha asegurado que el asunto no tiene mayor importancia!

Clave

Actividad 1.1

1

Alimentación	Lengua	Religión	Origen
los vegetarianos	los hispanohablantes	los cristianos	los andaluces
los que llevan una alimentación mediterránea	los angloparlantes	los agnósticos	los caribeños
los consumidores de comida rápida	los hablantes de aymara	los hindúes	los mayas
los que no prueban el alcohol		los judíos	los vascos
los que tienen alergia a los lácteos		los musulmanes	

2 Sugerencias:

- según la **generación** a la que perteneces:

  de la generación de los años 50/60/70, etc.; nacido durante/antes/después de la Guerra Fría.

- según tus **relaciones familiares**:

  padre/madre, abuelo/a, cabeza de familia, hijo/a único/a.

- según el **grupo étnico** al que perteneces y tu lugar de origen:

  de padres ingleses / galeses / escoceses / hindúes, etc.; de descendencia galesa / francesa, etc.; medio africano / británico, etc.

- según la **clase social** a la que perteneces:

  de clase social alta, media, trabajadora; de origen humilde / aristocrático, etc.

- según el papel que desempeñas en la **comunidad**:

  miembro del club local de... ; voluntario/a en la campaña de... ; director/a de una empresa; empleado/a de una compañía.

Actividad 1.2

1 **Productos traídos del Viejo Mundo:**

trigo, arroz, café, naranja, manzana, pera, durazno o melocotón, higo, la caña de azúcar, el banano, el ñame, el caballo, la vaca, el cerdo, el carnero, la gallina.

Productos originarios del Nuevo Mundo:

el maíz, la papa, la batata, el cacao, la yuca o mandioca, el tomate, el maní, el ananás o la piña, la guayaba, el pavo, la perdiz, los frijoles, el chile o ají, el maguey, el ulluco.

2 Frutas:

naranja, manzana, pera, durazno o melocotón, higo, banano, tomate, ananás o piña, guayaba.

Cereales:

trigo, arroz, maíz.

Árboles y plantas (no cereales):

café, caña de azúcar, cacao, frijoles, chile o ají, yuca o mandioca, maguey, ñame, papa, batata, maní, ulluco.

Aves:

gallina, pavo, perdiz.

Mamíferos:

caballo, vaca, cerdo, carnero.

3 La yuca es una especie de tubérculo de origen americano.

El ñame es un tipo de arbusto que proviene de África (del cual se come la raíz).

La guayaba es un tipo de fruta tropical.

Actividad 1.3

argentino, -na	boliviano, -na
colombiano, -na	brasileño, -ña / brasilero, -ra
guatemalteco, -ca	
uruguayo, -ya	cubano, -na
puertorriqueño,-ña / portorriqueño, -ña	paraguayo, -ya
	mexicano, -na
salvadoreño, -ña	peruano, -na
nicaragüense	panameño, -ña
hondureño, -ña	ecuatoriano, -na
antillano, -na	chileno, -na
costarricense / costarriqueño, -ña	venezolano, -na
	dominicano, -na

Actividad 1.4

1 La estructura del texto indica claramente que **tejido, calzado, esteras, hamacas, cestos, alfarería** y **orfebrería** son todas "industrias indígenas". Dentro de esta información general se puede afinar algo más:

ponchos y **sarapes**: la estructura de la oración te indica que son un tipo de tejido. Además, es posible que conozcas el significado de "poncho", ya que la palabra es igual en otras lenguas; en cuanto a "sarape", el hecho de que esté unido en la frase a "poncho" te indica que puede tener un significado similar.

sandalias: la estructura de la frase te indica que es un tipo de calzado. Además, esta palabra es parecida en inglés y otras lenguas.

hamacas: quizás te hayas dado cuenta de que esta palabra suele ser parecida en otras lenguas (como en inglés *hammock*).

alfarería y **orfebrería**: aunque no sepas exactamente lo que son, el sufijo "-ría" te vuelve a indicar que se trata de algún tipo de actividad artesana.

2 He aquí algunas palabras que quizá necesites consultar:

tejido, ya que "poncho" y "sarape" dependen de ella. Esta es una palabra que necesitas recordar, pues es bastante genérica.

sarape, probablemente no la conozcas y debas consultarla, pero puede que no sea tan necesaria para tu vocabulario general (excepto si tu interés es, por ejemplo, el área de los tejidos, o prendas de vestir o cultura popular latinoamericana).

calzado es también una palabra genérica que debes conocer.

estera, **hamaca** y **cesto** son algo más especializadas, aunque bastante comunes.

alfarería y **orfebrería** merecen la pena consultarse. Quizás podrías hacer una lista donde puedas incluir otras industrias artesanas con el mismo sufijo, como "artesanía", "platería" o "cestería".

Actividad 1.5

1

	Prefijo	Raíz	Sufijo
trasplante	tras-	plant	-e
implantan	im-	plant	-an
sobrevivir	sobre-	viv	-ir
inconscientemente	in-	consciente	-mente
desaparecer	des-, a-	parec	-er
inaccesible	in-	acces	-ible
conquistador		conquist	-ador
importar	im-	port	-ar
predominar	pre-	domin	-ar
orfebrería		orfebr	-ería

3   Sugerencias:

agradecido: agradecidamente, desagradecido, desagradecidamente

trabajar: trabajador

producto: producción, subproducto

continental: transcontinental

creer: increíble, creíblemente, increíblemente

cargar: cargador, descargar, descargador

coherente: incoherente, coherentemente, incoherentemente

colonizar: colonizador, colonizable, incolonizable, descolonizar

consciente: inconsciente, conscientemente, inconscientemente

conserje: conserjería

sexual: transexual, sexualmente

joyero: joyería

practicar: practicable, impracticable

entender: sobreentender

prohibir: prohibición

producir: producción, sobreproducir, sobreproducción

Actividad 1.6

(a)   Sí, así es, pensadores como él **definieron** los movimientos independentistas.

(b)   Sí, estoy segura de que lo **autorizarán**.

(c)   Creo que **supones** mucho: los acabo de ver discutiendo.

(d)   Pues tiene que **alcanzar** hasta finales de año.

(e)   ¡Claro que la **encontraré**!

Actividad 1.7

1   consistir en

luchar por

contribuir a

parecerse a

tardar en

limitarse a

2   (a)   se limita a

　　(b)   luchando por

　　(c)   han contribuido a

　　(d)   se parece a

　　(e)   consiste en

　　(f)   hayan tardado en

Actividad 1.8

1   En todos los casos "y" une elementos de igual nivel o importancia:

Los españoles y **los portugueses** colonizaron partes de América del Sur.

Todos no se adaptaron a **los nuevos suelos** y a **las nuevas condiciones**.

Los estudiantes extranjeros y **los que tienen suficientes recursos** deben pagar matrículas altas.

Es importante **ver la situación de cada país** y **tener en cuenta que cada uno tiene necesidades diferentes**.

2   Sugerencias:

　　(a)   "¡Las mujeres y los **niños** primero!".

　　　　(Fíjate que esta es una frase hecha).

　　(b)   Nacer y **morir / crecer / ver nacer**...

　　(c)   ... las calles y **las plazas / las gentes / las callejuelas**...

　　(d)   ... cuidar la casa y **al marido / los niños / la familia**...

　　(e)   Felices y **contentos / emocionado**s / **satisfechos**...

Actividad 1.9

1   (a)   **la** en "modificar**la**" y "adaptar**la**" se refiere a la cultura (que españoles y portugueses...).

　　(b)   **esta** se refiere a la artesanía del tejido.

　　(c)   **estos edificios modestos** se refiere a la choza nativa, el rancho, el bohío y el jacal; **los** en "los ha sustituido" se refiere a los edificios modestos.

2   (a) y (c): uso de pronombre (**la, los**).

　　(b): uso de demostrativo (**esta**).

　　(c): uso de una palabra más general (**estos edificios modestos** recoge todos los que se habían detallado anteriormente).

3   (a)   ... pero la Conquista **las** decapitó. (**las** sustituye a "las culturas indias").

　　(b)   ... permanece casi idéntica a **la de** los indígenas. ("**la de** los indígenas" sustituye a "la técnica de elaboración de los indígenas"). Fíjate que también **su** en "la técnica de **su** elaboración" puede considerarse que se usa para no repetir "la técnica de la elaboración de la mandioca".

　　(c)   **Esta** fusión aparece... . (**esta** clarifica y no repite exactamente "la fusión" tal y como aparece en la primera frase).

　　(d)   También **tomaron de ellos**... . ("**tomaron de ellos**" evita la repetición de "adoptaron" y "aborígenes").

Actividad 1.10

1   Los términos intrusos son: mamífero, piedra, árbol, cultivo. Lo que tienen en común es que son términos generales que engloban a los otros que son más específicos.

2   Sugerencias:

   (a)   ... algunos **métodos indígenas** en la agricultura.

   (b)   Sí, los conquistadores levantaron **construcciones** de este tipo.

   (c)   Sí, la **industria textil indígena** ha sobrevivido.

3   Sugerencias:

   (a)   ... **el rancho o el bohío**...

   (b)   Muchas clases de **piedra** y de **madera**.

   (c)   ... en **la arquitectura, la pintura y la escultura**.

Actividad 1.11

1   Quizá los más fáciles de recordar sean: implementar, trasplantar, adoptar, importar, sustituir.

2   Fíjate que algunos verbos tienen intrínseca la idea de cambio o intercambio (por ejemplo: adaptar), mientras que otros suponen un cambio respecto a la situación anterior (por ejemplo: sustituir).

implantar	importar
modificar	adoptar
adaptar	recibir
ocurrir	desaparecer
dar origen a	estar desterrado (significado metafórico:
ejercer influencia	"haber desaparecido")
decapitar (significado metafórico: "hacer desaparecer")	sustituir (x2)
hacer desaparecer	mezclar
traer (x2)	introducir
	combinar

3   Sugerencias:

   (a)   llevaron; trasplantaron.

   (b)   recibió; adoptó.

   (c)   se mezclaron; se fusionaron; se unieron.

   (d)   ocasionó; realizó.

   (e)   son originarios; vienen.

4   (a)–(iii), (b)–(i), (c)–(ii), (d)–(iii), (e)–(ii), (f)–(i), (g)–(ii)

Actividad 1.12

(a)–(iii), (b)–(v), (c)–(ii), (d)–(vi), (e)–(iv), (f)–(i)

Actividad 2.1

Sugerencia:

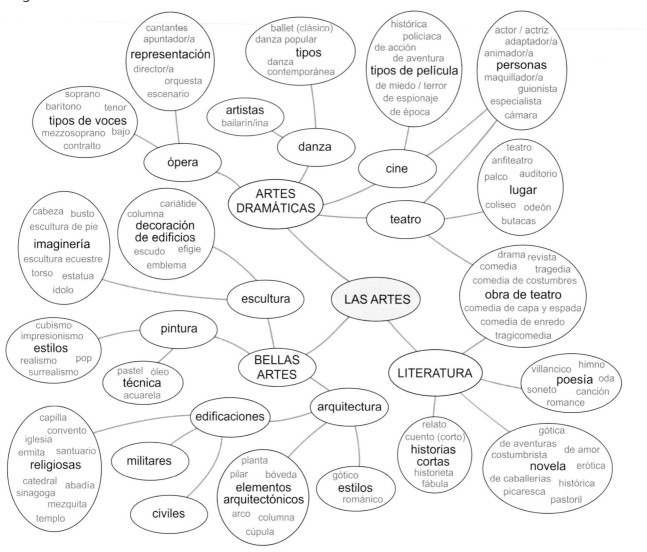

Actividad 2.2

1/2

Las respuestas del paso 2 vienen en letra cursiva.

Lugares: museo, sala, galería, *Escuela de Bellas Artes*.

Materiales: acrílico, mármol, barro, arena, cemento, bronce, resina, pigmento.

Herramientas: caballete, lápiz, paleta, cincel, lienzo, pastel, óleo, *pinceles*.

Profesionales: diseñador/a, ceramista, escultor/a, artesano/a, galerista, modelo, *artistas, pintor*.

Técnicas: esgrafiado, fresco, pastel, óleo, grabado, acrílico, *dibujo, acuarela*.

3

	Técnica	Estilo
Gonzalo Ariza	pintura al óleo esfumado óleo aplicado con pincel semiseco	paisajes plantas y flores influencia del estilo japonés sentido de lo brumoso
Fernando Botero	dibujo y acuarela al comienzo de su carrera otras técnicas pictóricas (no especificadas en el texto) y escultura	figuras inmóviles, infladas, monumentales bodegones formas poderosas influencia de los cuatrocentistas italianos, Velázquez, Goya y los precolombinos ironía composición impecable

Actividad 2.3

1   (a)–(v), (b)–(vii), (c)–(x), (d)–(iv), (e)–(ii), (f)–(i), (g)–(viii), (h)–(ix), (i)–(iii)/(viii)/(ix), (j)–(vi)

2   (a)   ateneo / auditorio

(b)   Facultad / Escuela

(c)   galería / sala

(d)   Pinacoteca

(e)   Taller

(f)   conservatorio

(g)   auditorio

3   (a)   Taller de poesía / de escritura: tipo de curso práctico donde se enseñan las técnicas para escribir poesía / para escribir.

(b)   Academia de danza: lugar donde se imparten clases de danza.

(c)   Estudio cinematográfico / de televisión: lugar donde se realizan y ruedan películas / programas de televisión.

(d)   Galerías comerciales: pasaje interior con varias tiendas.

(e)   Sala de fiestas: local nocturno donde se bebe, baila y a veces también se pueden ver actuaciones.

(f)   Museo del jamón: cadena de bares donde se puede probar una gran variedad de jamones.

Actividad 2.4

Material de soporte: tela, lienzo.

Utensilios: pincel, brocha, lápiz, paleta, caballete.

Colores: rojo, amarillo, verde, verdiazules.

Material de tratamiento: óleo, aceite, agua, cal, barniz, cera, huevo.

Proceso de pintura: dibujo, apunte, boceto, esbozo, mancha.

Estilos: vanguardismo, paisajistas ingleses, escuela florentina, realismo pictórico, impresionismo, pintura abstracta, arte conceptual, hiperrealismo.

Temas:

Cuerpo humano: autorretrato, retrato, desnudo, caricatura.

La naturaleza: bodegón, flores, paisaje, marina, naturaleza muerta, animales.

Religiosos y mitológicos: Venus, Cibeles, Apolo, Creación de Adán y Eva, Natividad, San Sebastián, Anunciación.

Actividad 2.5

1   Aquí tienes algunas frases con la acepción adecuada de las palabras que buscaste:

La mayor parte de su obra se encuadra dentro de esta misma **línea**.

Las **tendencias** surrealistas dominan toda la obra de este periodo.

Edificio construido en el siglo XX, de **estilo** renacentista.

Fue un maestro de la **técnica** del claroscuro.

Su última novela pertenece al **género** policiaco.

Sigue el **gusto** romántico de la época.

2   (a)   tendencias / técnicas

(b)   técnica

(c)   línea

(d)   línea

(e)   estilo

(f)   género / estilo

(g)   gusto / estilo

Nota: "línea" se usa en (c) y (d) con distintas acepciones.

Actividad 2.6

1   Sugerencias:

(a)   Luis Caballero Holguín: dibujante vigoroso de atormentados cuerpos masculinos.

(b)   Ricardo Gómez Campuzano: pintor hábil del retrato y el paisaje.

(c)   Epifanio Garay: retratista distinguido por su técnica academicista / por su academicismo.

(d)   Alfonso González Camargo: paisajista minucioso de obras de muy reducidas dimensiones.

2   Sugerencias:

Ejecutada con increíble habilidad artesanal.

Diseñados con incomparable gusto clásico.

Ideado con obsesiva dedicación artesanal.

Elaborada con exquisita creatividad divina.

Actividad 2.7

Sugerencias:

(a)   Sus primeros cuadros revelan **la sensibilidad de la pintora** hacia los temas sociales de la época.

(b)   **Su genialidad en el empleo de** la técnica del dibujo lo llevó a conseguir una beca de la Academia de Bellas Artes.

(c)   Toda su obra se caracteriza por su **habilidad técnica**. / Era un pintor **de gran habilidad técnica**.

(d)   **Su fidelidad** a los principios de la pintura oficial de la época lo llevó a retratar a los más destacados personajes del momento. / Sus varios retratos de los más destacados personajes del momento **son prueba de su fidelidad** a la pintura oficial de su tiempo.

Actividad 2.8

(a) entregado a

(b) trata de

(c) participa de o en

(d) se interesa por

(e) contribuye a

(f) comprometido con

Nota: "participar **en** algo" significa "tomar parte en algo (un asunto o una actividad) realizado por varias personas", mientras que "participar **de** algo" significa "tener una persona o cosa las mismas ideas o características que otra persona o cosa". En (c) las dos son posibles pero hay una pequeña diferencia.

Actividad 2.9

(a) se parece mucho / es igual a

(b) sin razón

(c) no soporto a mi vecino

(d) de forma inexplicable e inesperada

(e) algo parecido

(f) sin ninguna gracia

(g) sin cobrar, solo por gusto

Actividad 2.10

El léxico que se suele asociar con las biografías comprende los siguientes elementos: fechas, periodos de tiempo, momentos importantes, etapas en la vida familiar y profesional.

	Fechas	Hitos en su vida familiar o profesional	Periodos de tiempo
Gonzalo Ariza	1912	Nacimiento	"En una primera etapa... "
	1930	Recibe beca para estudiar en Japón	"... entre 1930 y 1940... "
	1995	Muerte	"A partir de entonces... "
Fernando Botero	1932	Nacimiento	
	1951	Primera exposición Homenaje en París	
	1992	Formación en contacto con los museos de Europa	

Actividad 2.11

1. **Adjetivos antepuestos:**

    único, especiales, inconfundible.

    Adjetivos pospuestos:

    mundial, comercial, internacionales, Botero [sustantivo con valor adjetival], italianos, populares, boteriano, inmóviles, infladas, monumentales, amable.

2. (a) Hay muchos más adjetivos pospuestos que antepuestos.

    (b) En general los adjetivos antepuestos ponen de relieve de una manera más expresiva la característica que señalan.

    En el caso del adjetivo "único" que puede ir antepuesto y pospuesto significando "que es solo en su especie", su uso pospuesto como en "es artista único", significaría "que es extraordinario en su especie".

Actividad 2.12

Sugerencias:

(a) **Es indudable que / No cabe ninguna duda de que** la técnica de Garay es academicista.

(b) En la primera etapa de Gonzalo Ariza el tema es **sobre todo** de tipo social. Más tarde **da una dimensión poética** al espacio y aplica lo brumoso **con gran acierto**.

(c) Podemos decir que, en cuanto a la ejecución de su obra, en su primera etapa Ariza es **muy** artesanal.

(d) La riqueza de color de los cuadros de este artista es **fuera de lo común**.

(e) Sus cuadros recuerdan el mundo clásico y **se puede decir que** no tienen defectos. Es uno de los pintores colombianos modernos de mayor **reconocimiento internacional**.

Actividad 3.1

Sugerencia:

(a) Una lengua sirve para:

   - la comunicación entre seres humanos;

   - unificar a un grupo de personas (de un país, de una región, etc.);

   - diferenciar a un grupo de hablantes de la misma lengua del resto de la humanidad;

   - transmitir una cultura;

   - identificar a pueblos y culturas.

(b) Quizá hayas mencionado el inglés, el francés y el español. Normalmente el concepto de lenguas poderosas se asocia con aquellas que tienen, por una parte, muchos hablantes por todo el mundo y, por otra parte, gran prestigio a nivel internacional (por razones comerciales, sobre todo hoy día, o por razones culturales, políticas o históricas). El inglés es muy poderoso por estos dos criterios. El francés tiene prestigio en el mundo político y comercial, y se habla en varios países (aunque en total sus hablantes son muchos menos que los del inglés). El español tiene muchos hablantes por todo el mundo y parece que su importancia comercial e internacional va en aumento.

El árabe es también poderoso porque es la lengua de comunicación de muchos países, aunque no tiene todavía tanto prestigio comercial a nivel internacional. El chino (mandarín) es la lengua que tiene más hablantes en el mundo, pero solo dentro de un país, y de momento no tiene el prestigio comercial que podría tener en el futuro. El hindi es la tercera lengua del mundo en cuanto al número de hablantes, pero no tiene tanto prestigio internacional como el inglés. Desde el punto de vista cultural el prestigio de las lenguas suele estar unido a su tradición literaria, y en este aspecto todas las lenguas arriba mencionadas tienen ricas literaturas. Más modernamente, el nivel de publicaciones y de número de traducciones – a otras lenguas y de otras lenguas – es otro factor que determina la fuerza de una lengua.

(c) Una persona que se cría bilingüe aprovecha las mejores condiciones para el aprendizaje de una lengua, ya que aprende en condiciones naturales y aprende joven. El cerebro humano parece ser más receptivo para el aprendizaje de una lengua durante los primeros cinco años de la vida de una persona y no parece tener dificultades en recibir dos o tres lenguas a la vez. Otra ventaja es que el acceso a dos o tres lenguas normalmente permite también acceso a dos o tres culturas, con el enriquecimiento que esto supone.

Algunas personas ven desventajas en cuanto que temen que el bilingüismo cause que la persona no domine ninguna de las dos lenguas totalmente; otras personas piensan que puede crear confusión entre las lenguas, o que el desarrollo del habla y de la escritura pueden verse afectados negativamente. La investigación demuestra que estos miedos son generalmente infundados.

Actividad 3.2

2 Las palabras relacionadas con la lengua y lenguas habladas son:

Conversación; la educación **bilingüe**; su **lengua materna**; la adquisición del **inglés**; programas **bilingües**; programas de inmersión exclusiva **en inglés**; la educación **bilingüe**; leer y escribir en **un idioma**; **alfabetizarte** en otro; tu **lengua materna**; la **segunda lengua**; la adquisición del **inglés**; el **bilingüismo** en los EE.UU.

3 (a) lingüista, (b) hablantes, (c) políglota, (d) hispanohablante o hispanoparlante, (e) francófono/a, (f) monolingüe, (g) angloparlante.

Actividad 3.3

1

	idioma	lenguaje	dialecto	habla
Es un sistema de comunicación.	✓	✓	✓	✓
Se refiere a la comunicación humana.	✓	✓	✓	✓
Se refiere a la comunicación no humana.		✓		
Se usa en los contextos especializados (arte, ciencia, etc.).		✓		✓
Tiene límites regionales o sociales.		✓	✓	✓
Es una forma únicamente oral.				✓

2 (a) habla

   (b) dialecto (podría ser un idioma que solo
        se hablara en esa comunidad, pero
        "dialecto" es más probable; no puede
        ser "habla" porque no se dice "un
        habla de una comunidad", aunque sí se
        puede decir "el habla de Limatambo").

   (c) lenguaje (por ser una especie animal)

   (d) idioma

   (e) lenguaje (se usa este término para
        referirse a un contexto especializado)

   (f) idiomas; lengua

   (g) lenguaje (por ser de una especie animal)

   (h) habla

Actividad 3.4

1 Sugerencias:

   (a) lengua común; lengua universal; lengua
        materna; lengua viva, lengua muerta;
        lengua escrita; lengua hablada; lengua
        española / maya / inglesa, etc.; lengua
        oficial; lengua artificial.

   (b) primera / segunda / tercera... lengua;
        única lengua.

2 Sugerencias:

La gente de las islas no se entiende porque
entre ellos no tienen **una lengua común**.

Los hay que dicen que el inglés está
llegando a ser **una lengua universal**.

Es importante que los niños reciban la
enseñanza primaria en su **lengua materna**.

No quieren estudiar el latín porque es **una
lengua muerta**; prefieren estudiar **una
lengua viva**.

Los incas solo tenían una **lengua hablada**,
mientras que los mayas sí que tenían **una
lengua escrita**.

Obras clásicas en **lengua española**.

Paraguay tiene **dos lenguas oficiales**, el
español y el guaraní.

El esperanto es la **lengua artificial** más
conocida.

El italiano es su **segunda lengua**.

En el colegio aprenden una **única lengua**:
el inglés.

Actividad 3.5

Intervención entre personas	Intervención con el fin de afirmar algo	Intervención con el fin de apoyar a otra persona	Intervención con el fin de manifestar fuerte desacuerdo con otra persona
conversar	confirmar	confortar	reprochar
platicar	explicar	animar	regañar
dialogar	pronunciar	alentar	reñir
charlar	asegurar	consolar	insultar
discutir	declarar	alabar	criticar
debatir	contar	elogiar	condenar
	sugerir	reconfortar	censurar
	mencionar		

Actividad 3.6

1 Las colocaciones posibles son las siguientes:

(a) **contar** un chiste / una anécdota / un cuento

(b) **recitar** un poema / las tablas de multiplicar / la lección

(c) **anunciar** su llegada / una demora / una noticia

(d) **decir** la verdad / su nombre / una tontería

(e) **comunicar** una noticia / una decisión / una buena nueva

(f) **confesar** unos pecadillos / un delito / mi ignorancia

(g) **pedir** un favor / explicaciones / limosna

2 (a)–(iii) o (iv); (b)–(vi); (c)–(i) o (v); (d)–(v); (e)–(ii); (f)–(iv).

3 Las siguientes frases ilustran usos normales de las colocaciones de esta actividad.

Del paso 1:

(a) Escuchad. Os voy a contar un chiste buenísimo / una anécdota divertidísima.

Abuelito, cuéntanos un cuento antes de ir a dormir.

(b) Le vamos a pedir que nos recite el poema de las abejas.

Cuando éramos pequeños todas las noches le recitábamos la lección a mi padre.

Todos los niños recitábamos las tablas de multiplicar a la vez.

(c) Anunció su llegada tocando el timbre sin parar.

Han anunciado una demora en el tren de Jalisco.

¿Cuándo vais a anunciar la gran noticia?

(d) Di la verdad de una vez por todas.

Dígame su nombre, por favor.

¡No digas tonterías! o Lo que has dicho es una tontería.

(e) Vino especialmente a comunicarnos la noticia.

La Junta Directiva comunicó su decisión a la Asamblea General.

Comunicaron la buena nueva del nacimiento en la página social del periódico local.

(f) Vamos, seguro que tienes pecadillos que confesar.

El ladrón confesó su delito ante el juez.

Confieso mi total ignorancia en temas religiosos.

(g) Te tengo que pedir un favor.

Voy a tener que pedirle explicaciones por su comportamiento de ayer.

Se ve mucha gente pidiendo limosna por las calles.

Del paso 2:

(a) Le pidieron que aclarara la situación.

(b) Acaban de confirmar la llegada del director para el jueves.

(c) La República de... ha declarado la guerra a su país vecino.

(d) Hasta su muerte proclamó su inocencia.

(e) En el homenaje se elogió su intachable conducta durante los años en que fue presidente de la asociación.

(f) Rebatí su argumento alegando que no tenía pruebas.

Actividad 3.7

(a) sobre; con

(b) con; sobre

(c) a; por

(d) entre; sobre

(e) a;—

(f) —; con

(g) —; a; a

(h) —; a

(i) con; sobre

(j) —; entre

Actividad 3.8

1 Fíjate que todas estas frases hechas son coloquiales.

(a) Estás mejor callado porque cuentas lo que no debes contar. (tener la lengua muy larga = ser indiscreto)

(b) Tuve que hacer un verdadero esfuerzo para no decir lo que pensaba. (morderse la lengua = contenerse para no decir algo)

(c) No puedo acordarme de su nombre... o Ahora mismo no me acuerdo cómo se llama... o Enseguida me va a salir su nombre... (tener algo en la punta de la lengua = estar a punto de decir algo que no está todavía en la memoria)

(d) Mi vecino es muy hiriente... (tener una/la lengua afilada o de doble filo = tener una manera de hablar con la que se hiere o tener la intención de herir o molestar a otra persona)

(e) Como habla de manera tan poco clara... o Como no pronuncia bien... (tener una lengua de trapo o estropajo = hablar de manera poco clara)

(f) ¡Cuánto hablas! (parecer que (uno) come lengua = hablar mucho)

2 Sugerencias:

(a) Dicen las malas lenguas que hizo su fortuna arruinando a su hermano.

(b) Llegaron de la excursión por el monte con la lengua fuera.

(c) No le cuentes nada, porque llega al bar y enseguida se le suelta la lengua con sus amigotes.

(d) Se lo dijeron muy confidencialmente, pero se fue de la lengua y al día siguiente ya lo sabía toda la oficina.

(e) Los otros niños se reían de él y le sacaban la lengua.

Actividad 3.9

1 Referencia a elementos mencionados anteriormente en el texto:

(a) **Lo** hicieron así...	= votaron en 1997 a favor del desmantelamiento de la educación bilingüe
(b) **les** impediría, o cuando menos retrasaría, la adquisición del inglés.	= a los niños inmigrantes
(c) **los que** están en programas de inmersión exclusiva en inglés	= los niños que
(d) te es más fácil alfabetizarte en **otro**	= otro idioma
(e) cuando **este** tema sea	= el tema determinado aprendido en la lengua materna
(f) ... presentado en la **segunda** lengua	= la lengua que no es la lengua materna
(g) **Esto** es irrefutable.	= la supresión de la educación bilingüe no mejoró la adquisición del inglés

2 (a) les (proporcionar**les**)

(b) este / esto

(c) lo

(d) cuando

(e) lo que

(f) esto

(g) nos (asegurar**nos**)

(h) cuando

(i) lo cual

(j) este / esto

Nota: en (b) y (j) tanto "este" como "esto" son posibles, en (b) este se usaría refiriéndose a "este input comprensible" y "esto" a toda la idea de proporcionar abundantes oportunidades de input comprensible; en (j) "este" sería "el idioma" y "esto" la idea de "la adquisición del idioma".

Actividad 3.10

1 (a) formas culturales variadas **y eclécticas**

(b) lengua universal y **única**

(c) una población educada y **formada**

(d) poemas nuevos e **inéditos**

(e) una defensa tajante y **rigurosa**

(f) una persona respetada y **venerada**

(g) una cultura rica y **compleja**

(h) pueblos indomables y **bravíos**

(i) verdad sencilla y **clara**

2 (a) **variadas y eclécticas**: son sinónimos, ambos suponen diversidad.

(b) **lengua universal y única**: son complementarios. "Universal" da la idea de "extendida por todo el mundo" y "única" denota que excluye las demás.

(c) **población educada y formada**: en este contexto funcionan como sinónimos. Una palabra refuerza a la otra.

(d) **nuevos e inéditos**: no son términos sinónimos, sino que se complementan. "Inéditas" añade la idea de que no se han publicado anteriormente.

(e) **defensa tajante y rigurosa**: en este contexto se complementan. "Tajante" significa "de manera categórica"; "rigurosa" significa "estricta".

(f) **una persona respetada y venerada**: en este contexto son sinónimos.

(g) **cultura rica y compleja**: son términos complementarios. "Rica" denota abundancia y "compleja" añade el sentido de "variada".

(h) **pueblos indomables y bravíos**: muy cercanos en significado y en las asociaciones que producen.

(i) **verdad sencilla y clara**: no son sinónimos pero sí claramente asociados con la palabra "verdad"; se complementan. "Sencilla" significa que no es complicada y "clara" añade que es fácil de ver o entender.

Actividad 3.11

1 (a)–(viii), (b)–(v), (c)–(i), (d)–(iv), (e)–(ii), (f)–(ii), (g)–(iii), (h)–(vi), (j)–(vii)

2 (a) me **quitó la palabra de la boca**

(b) le **taparon la boca**

(c) lo **decía con la boca chica / pequeña**

(d) que **anda en boca de todos**

(e) que él **no abra la boca**

(f) ¡Qué **mala boca tiene** este niño!

(g) **no decía / dijo ni esta boca es mía, no abrió la boca**

(h) la noticia **corre de boca en boca**

(i) Siempre **habla por boca de otro**.

Actividad 3.12

1 (a)–(iv), (b)–(i), (c)–(ii), (d)–(v), (e)–(iii)

Nota: A menudo las moralejas se expresan en forma de proverbios o, dicho de otra manera, muchos proverbios se pueden considerar moralejas por su función didáctica. Sin embargo, no todas las moralejas son proverbios.

2 (a) eslogan, (b) refrán, (c) epitafio, (d) insulto, (e) moraleja, (f) refrán, (g) epitafio, (h) insulto.

Actividad 4.1

física: neutrón, átomo, aceleración, ondas sonoras, reacción nuclear, microscopio.

astronomía: galaxia, nebulosa, telescopio, extragaláctico, agujero negro, universo.

biología: célula, genética, embriología, tubo de ensayo, enzima, germen, microscopio.

química: fosfato, ácido, oxigenación, tubo de ensayo, destilación, microscopio.

ecología: reciclaje, contaminación, lluvia ácida, gases de escape, clorofluorocarbonos, capa de ozono.

informática: ordenador fijo, ordenador portátil, pantalla, internet, banda ancha, navegador, teclado, servidor.

Actividad 4.2

(a) medicina, (b) electrónica, (c) meteorología, (d) geología, (e) zoología, (f) ingeniería, (g) informática, (h) geografía, (i) matemáticas, (j) fisiología, (k) astronomía

Actividad 4.3

1 (a) médico/a, (b) técnico electrónico o especialista en electrónica*, (c) meteorólogo/a, (d) geólogo/a, (e) zoólogo/a, (f) ingeniero/a, (g) informático/a, (h) geógrafo/a, (i) matemático/a, (j) fisiólogo/a, (k) astrónomo/a.

* En este caso, no se llama "electrónico/a" a la persona que se dedica a esto, sino técnico /técnica en electrónica".

2 (a) ornitólogo/a, (b) antropólogo/a, (c) astrólogo/a, (d) psicólogo/a, (e) grafólogo/a, (f) entomólogo/a, (g) oftalmólogo/a.

Actividad 4.4

1 Las palabras que son de uso muy generalizado en la ciencia son:

Sustantivos: modelo, postura, estudios, sistemas, científicos, dimensiones, universo, infección, trabajo, investigación, problemas, virus, pruebas, diagnóstico, fundamentos, terapia, proceso, epidemia, vacuna, infección.

Verbos: se debatía, opinaban, pensaban, demostró, descubrió, observado / observáramos, se ha transformado, se logró.

2 **Texto 1**

(a) opinión, (b) las investigaciones, (c) defendían, (d) creían, (e) propuso, (f) probó, (g) reveló, (h) está probado.

Texto 2

(i) convertido, (j) repercusión, (k) consiguió, (l) base, (m) enfermedad, (n) recordar, (o) motivo, (p) apoya.

3 (a) modelo, (b) hipótesis / teorías,
(c) descubrimientos, (d) teorías, (e) postura,
(f) métodos, (g) hallazgo / descubrimiento,
(h) estudios, (i) análisis, (j) sistema / método

Actividad 4.5

1 Sugerencia:

(a) congelación, (b) saturación, (c) diálisis,
(d) evaporación, (e) impresión,
(f) enfriamiento, (g) electrolisis (o
electrólisis), (h) petrificación, (i) síntesis,
(j) ebullición, (k) calentamiento,
(l) fundición, (m) vibración

2 (a) congelar; (b) saturar; (c) no tiene: se dice
"hacer o realizar una diálisis";
(d) evaporar(se); (e) imprimir; (f) enfriar;
(g) no tiene; existe el verbo "electrolizar"
pero es de uso poco frecuente; (h) petrificar;
(i) sintetizar; (j) no tiene; el verbo que se
usa es "hervir" (el verbo "bullir" se usa muy
poco en esta acepción); (k) calentar;
(l) fundir; (m) vibrar

Actividad 4.6

1 La lista no es exhaustiva. Se ha intentado
incluir las propiedades que normalmente la
gente asocia con estos materiales, aunque
sin duda tendrán otras.

Nota: Aquí "solidez" no se ha tomado con la
acepción de "cuerpo sólido", como opuesto
a "líquido" o "gaseoso", sino la acepción de
"resistencia", "dureza".

madera: solidez, rigidez, densidad,
combustibilidad, belleza

gasolina: liquidez, volatilidad,
combustibilidad

hormigón: solidez, rigidez, dureza,
pesadez, resistencia, indestructibilidad

acero: solidez, dureza, resistencia,
indestructibilidad, frialdad, ductilidad

mercurio: liquidez, densidad,
conductividad eléctrica

plomo: pesadez, maleabilidad,
impermeabilidad

sal: solubilidad

caucho: solidez, ligereza, elasticidad,
resistencia

aluminio: ligereza, conductividad eléctrica,
maleabilidad

oro: pureza, dureza, belleza, ductilidad,
maleabilidad

2 (b) por su volatilidad

(c) por su combustibilidad

(d) por su ligereza

(e) por su gran resistencia

(f) por su maleabilidad e impermeabilidad

(g) por su conductividad eléctrica

(h) por su elasticidad y resistencia

3 (a) indestructible, (b) denso, (c) flexible,
(d) maleable, (e) duro/a, (f) blando/a,
(g) pesado/a, (h) fluido, (i) fría.

Actividad 4.7

Métodos de creación de tecnicismos	Ejemplos
(a) verbos a partir de sustantivos	telefonear
(b) sustantivos compuestos a partir de verbo + sustantivo	limpiaparabrisas, rompehielos, quitamanchas
(c) sustantivos compuestos a partir de dos sustantivos	coche patrulla, tren ómnibus, camión cisterna, hombre rana
(d) adjetivos a partir de sustantivos	—
(e) adjetivos a partir de nombres propios	einsteiniano, marxista, freudiano
(f) sustantivos con prefijos o sufijos	antioxidante, fotocopia, lubricante, informática, ordenador, sumergible
(g) nuevo significado o nueva función a una palabra ya existente en español	móvil, archivo, ratón
(h) palabras de otros idiomas (préstamos o extranjerismos), a veces adaptadas	escáner, teléfono, filmar, bafle, disquete, metro, videocámara, computadora, best séller

Actividad 4.8

Todos los extranjerismos en este ejercicio son de uso común. Muchos están perfectamente aceptados en la lengua española, otros no. El propósito de este ejercicio es darte alternativas para estas expresiones que oirás frecuentemente y hacerte reflexionar cómo las lenguas introducen nuevas formas, incluso si una alternativa existe ya o sería fácil de crear en la lengua receptora.

(a) **altavoces**. Estos son dos términos que se han especializado, de modo que "bafle" (escrito con una "f") viene a significar el altavoz de los equipos de alta fidelidad. "Altavoz" también puede usarse con este significado.

(b) **obstáculo**. En la mayoría de los casos "hándicap" (escrito con acento) puede sustituirse por estas palabras, excepto cuando se usa con un significado específico en el golf, hípica y otros deportes.

(c) **tablero**. Copia del inglés y de uso en el lenguaje coloquial.

(d) **papel**. El uso de "rol" está muy extendido; se puede sustituir por "papel" excepto en su acepción de terminología psicológica.

(e) **vaqueros**, aunque este vocablo pueden sonar un tanto "pasado de moda" hoy día.

(f) **vestíbulo**. El uso de "hall" está muy extendido y tal vez tiene connotaciones menos formales que los demás términos.

(g) **prueba**. En el contexto académico se suele usar "test" para una prueba de seguimiento y no suele sustituir a "examen", mucho más formal. No se puede sustituir en el compuesto "un examen / una prueba tipo test". En el contexto médico, un "test" es una prueba (de sangre, de orina, etc.).

(h) **aficionados.** En el contexto de los deportes, especialmente el fútbol, se usan "hincha" y "forofo". Sin embargo, en el contexto de la música pop, "fan" parece ser el término más arraigado (por ejemplo, "club de fans"), aunque otras alternativas serían "admirador" y "seguidor".

(i) **reconocimiento médico** (general); "chequeo" es de un registro más coloquial.

(j) **aficionado,** en todos los contextos: un club de aficionados, la liga de aficionados, ser un pintor aficionado, etc.

(k) **caída de la bolsa.** También "quiebra" en otros contextos.

(l) **estatus** se usa ampliamente, pero puede siempre sustituirse por "posición o nivel social" y "situación" o "condición", según los contextos.

(m) **auxiliar.** Nótese que en este contexto se usa "asistente" también como forma del femenino. "Asistenta" significa "empleada doméstica".

(n) **aparcamientos,** aunque el término "parking" es muy frecuente y está totalmente establecido en el español coloquial de España. La lengua escrita y oficial prefiere "estacionamiento", "zona de estacionamiento", etc.

Actividad 4.9

1 **A**

plantear un problema

formular una hipótesis / una opinión

llevar a cabo una investigación

recopilar datos

defender una opinión / una hipótesis

B

investigar un fenómeno

hacer un experimento

analizar los resultados

conseguir evidencia

elaborar una teoría

C

desarrollar un modelo

verificar una hipótesis

demostrar una teoría

hacer un descubrimiento

zanjar una discusión

2 (a) un problema, (b) el debate, (c) unos resultados, (d) un invento, (e) unos datos, (f) una respuesta, (g) un problema

3 (a) concebir, (b) zanjar, (c) recopilar, (d) elaborar, (e) negar

Actividad 4.10

(a)–(iv), (b)–(iii), (c)–(ix), (d)–(v), (e)–(ii), (f)–(x), (g)–(vii), (h)–(i), (i)–(viii), (j)–(vi)

Actividad 4.11

1 (a) estrella, (b) eclipsado, (c) erosión, (d) fosilizado, (e) satélites, (f) despegue, (g) catalizador, (h) astronómicos

2 (a)–(v), (b)–(iv), (c)–(vii), (d)–(x), (e)–(iii), (f)–(ii), (g)–(xi), (h)–(i), (i)–(viii), (j)–(vi), (k)–(ix)

3 (a) es un sol, (b) pidiendo la luna, (c) estoy en la onda, (d) es un lunático, (e) hace un sol de justicia, (f) vi las estrellas, (g) está en la luna, (h) tiene pocas luces, (i) sus satélites, (j) de sol a sol, (k) un marciano

Actividad 4.12

onda sonora / corta / magnética

baño de oro

capa de oro / de ozono

haz de luz

mapa genético

corriente eléctrica

agujero negro

corte eléctrico / de luz

autopista de la información

banda sonora

agua oxigenada

Actividad 5.1

1   En 2005 un 64% de las mujeres no tenía un trabajo fuera de casa, pero en 2010 disminuyó a casi un 61%. La tendencia es a la baja.

2   Sugerencia:

"Con empleo" es el término que se usa para referirse a las personas que realizan un trabajo remunerado. "En paro" es el término usado para referirse a aquellas personas que pueden, y quieren, trabajar fuera de casa pero que no tienen empleo.

Actividad 5.2

2   negociación de los convenios colectivos, contexto laboral, mercado de trabajo, mujeres trabajadoras, el aumento del paro, situación laboral, en España, incremento de la mujer (al mercado de trabajo), la equiparación de salarios, puestos de responsabilidad, brecha salarial, integración de los hombres (en el mercado de trabajo), tasa de actividad, tasa de ocupación, total de personas empleadas, total de desempleados, mujeres desempleadas.

Actividad 5.3

1   (a)   **Expresión de datos cuantitativos:**

tasa de actividad de casi el 70% en 2007, una tasa que no llega al 50%, 20 puntos por debajo de la tasa, por primera vez, el porcentaje (de mujeres desempleadas) se sitúa por debajo del de hombres en la misma situación, la tasa de integración de la mujer en el mercado de trabajo se sitúa 20 puntos por debajo de la tasa de ocupación masculina.

(b)   **Expresión de cambios cuantitativos:**

(las mujeres trabajadoras son las que) más están pagando las consecuencias de la crisis y el aumento del paro, el crecimiento de la economía ha permitido la incorporación de la mujer al mercado de trabajo, la equiparación de salarios y la incorporación de la mujer a puestos de responsabilidad, la crisis incrementa la brecha salarial (entre mujeres y hombres), el total de personas empleadas está aumentando, el total de desempleados disminuye.

2   (a) género (b) reduciendo, (c) brecha, (d) integración, (e) casi el 70%, (f) por debajo.

Actividad 5.4

1   **Sinónimos**

situación = contexto

beneficios = logros

importancia = peso

acordado = pactado

Antónimos

disminución (del desempleo) ⇔ aumento

retracción ⇔ crecimiento

disparidad ⇔ equiparación

incremento ⇔ disminución, decremento

2   Sugerencia:

Un análisis del contexto laboral predice que habrá un aumento del paro femenino. El crecimiento económico permitió una equiparación en los salarios de ambos sexos, pero estos logros desaparecerán en el clima actual. Se prevé un retroceso, con una vuelta a la situación de disparidad salarial entre hombres y mujeres. De todos modos el peso de la mujer en el mundo laboral sigue aumentando.

Actividad 5.5

1   (a) cargo (La frase admitiría perfectamente "puesto", pero no puede ser porque está incluida en la definición); (b) actividad; (c) cargo; (d) plaza(s); (e) tarea(s); (f) puesto; (g) funciones; (h) oficio; (i) trabajo; (j) trabajo; (k) labor(es); (l) obra(s)

2   (a)   labores = trabajos de la casa (barrer, fregar, coser, etc.)

(b)   labores = actividades propias del trabajo del campo

(c)   obras = arreglos, generalmente de la carretera

(d)   trabajos = dificultades y apuros

(e)   en funciones = "hacer las funciones de director" o "director en funciones" significa que se ejercen las actividades propias del director, pero sin tener el puesto de director

(f)   cargos = falta o delito de los que alguien es acusado (ej. "Los cargos de que se le acusa", "No sé qué cargos hay contra mí")

Actividad 5.6

1   repartir responsabilidades

subir el nivel / puestos

promover los valores / la participación activa

producirse un cambio

tomar decisiones

potenciar un cambio / la participación activa

adelantar puestos

desempeñar los mismos papeles / el cargo / el papel

hacer un análisis

2   (a) potenciar / promover, (b) desempeñar, (c) hacemos, (d) repartidas, (e) tomar, (f) adelantado, (g) producirse / potenciarse, (h) promueva / potencie

Actividad 5.7

Término español	Falso amigo en inglés	Equivalente correcto en inglés
actual	*actual*	*present*
agenda	*agenda*	*diary*
casual (ej. Un encuentro casual)	*casual*	*chance (a chance encounter)*
consistente	*consistent*	*solid, thick (of sauce, etc.); sound, strong, solid (of argument, etc.)*
destitución	*destitution*	*dismissal*
editar	*to edit*	*to publish*
encuesta	*inquest poll*	*survey*
eventual	*eventual*	*possible contingent; incidental*
jubilación	*jubilation*	*retirement; pension*
notorio	*notorious*	*well-known; obvious; marked*
resumir	*to resume*	*to summarize; sum up*

Actividad 5.8

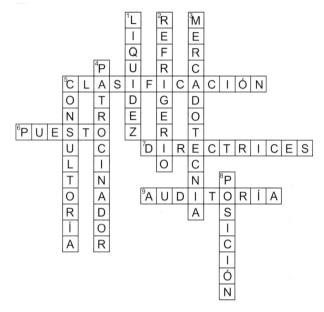

Encontrarás que muchos de estos anglicismos se encuentran en los diccionarios. Eso se debe a que los diccionarios se esfuerzan por incluir los vocablos de uso corriente en la lengua, independientemente de que las Academias de la Lengua y sus diccionarios los hayan aceptado, con o sin modificaciones ortográficas. Además de los diccionarios existen los libros de estilo, que recomiendan el uso (o no) de ciertos vocablos y ofrecen alternativas en español. Los términos españoles de este ejercicio se han sacado de las recomendaciones del *Manual de español urgente* (Agencia EFE).

Nota:

ranking – con este significado a menudo conviene especificar: "clasificación en grados".

standing – con este significado a menudo conviene especificar: "posición económica y/o social".

directivas – es correcto solo cuando se refiere a "las directivas de la Unión Europea".

Actividad 5.9

1 En general, el autor piensa que los resultados del estudio son desalentadores.

2 **Verbos**: están pagando, retrocediendo, se han ido reduciendo, tasa que **no llega** al 50%, **se sitúa** por debajo.

Sustantivos: consecuencias, avances, **incremento** de la mujer al mercado de trabajo, **equiparación** de salarios, **incorporación** de la mujer a puestos de responsabilidad, **brecha** salarial entre mujeres y hombres, retrocediendo logros, ritmo de reducción, **peso** de las mujeres.

Adjetivos: avances **conseguidos**, diferencias por género siguen siendo **importantes**, aumenta en forma **lenta**, desempleadas.

Partículas y expresiones negativas (o no positivas): 20 puntos por debajo, las mujeres muestran una tasa que no llega al 50%.

3 Sugerencia:

Según anunció ayer el Ministro de Trabajo, el gobierno se ha decidido por fin a cambiar su política laboral y a promover la discriminación positiva. Con esta oportuna medida, para el año 2014 todas las empresas de más de 51 empleados deberán tener al menos un 40% de mujeres.

Además, se ha diseñado un nuevo sistema de solicitud de empleo que acabará con la discriminación laboral de las mujeres, ya que se prohíbe hacer mención en la solicitud de la situación familiar del empleado o de la empleada. Así, no se podrá ya discriminar a las mujeres por su estado civil o por tener responsabilidades familiares.

Las nuevas políticas laborales del gobierno también potenciarán un programa de inspección de salarios que será enormemente útil y que tiene el objeto de poner término a la discriminación salarial de las mujeres.

Actividad 5.10

1 **Carta formal**: (ñ), (a), (o), (h), (n), (f), (m), (d), (c).

c/ Lope de Vega 98, 4º Izq.
28014 Madrid
Teléf. +34 91 9875632

Sr.D. Ignacio Delgado

Traducciones Transfer
Av. La Estrella 43
La Habana, Cuba

20 de noviembre de 2010

Estimado señor:

Habiendo tenido conocimiento de que su empresa ha establecido una oficina en La Habana, me apresuro a ofrecerles mis servicios como traductor e intérprete.

Además de detallar mis datos personales y profesionales en el currículum vitae adjunto, me permito subrayar mi experiencia en el campo del Derecho Internacional.

Quedo a su disposición para ampliar datos y ofrecer referencias.

Atentamente

Severo de Bascarán

Severo de Bascarán

Anexo: 1 Currículum Vitae

Carta informal: (k), (g), (i), (l), (j), (e), (b).

20 de noviembre

Querida Marta:

Acabo de enterarme de que por fin tienes tu propia oficina de Interpretación y Traducción en La Habana. ¡Enhorabuena!

Te mando mi C.V. con todos mis datos por si estás buscando traductores e intérpretes. No olvides que trabajé cinco años en un bufete de abogados y para el Ministerio de Asuntos Exteriores (¡el derecho internacional es mi fuerte!).

Un abrazo

Severo

P.D. Mi número de móvil: +34 900 2197532 y mi correo electrónico: S.Bascaran@worldonline.es

2   CARTA FORMAL

Dirección del remitente

Dirección del destinatario

Fecha

Saludo formal: Estimado señor

Expresiones fijas formales: Habiendo tenido conocimiento; me apresuro a ofrecerles mis servicios como; me permito subrayar mi experiencia en el campo del; Quedo a su disposición para ...

Vocabulario más preciso: ampliar datos y ofrecer referencias; su empresa ha establecido una oficina en; currículum vitae.

Despedida formal: Atentamente

CARTA INFORMAL

Fecha

Saludo informal: Querida Marta

Directa y personal: Querida Marta: Mi número de móvil: 900 2197532 y mi correo electrónico: S. Bascaran@worldonline.; Acabo de enterarme de que por fin tienes tu propia oficina de; Te mando mi C.V. con todos mis datos por si estás buscando traductores e intérpretes; No olvides que trabajé... ; (¡el derecho internacional es mi fuerte!).

Vocabulario poco preciso y general: más información o referencias; tienes tu propia oficina; por si estás buscando...

Despedida informal: un abrazo.

Actividad 5.11

1   (a)–(v), (b)–(ii), (c)–(i), (d)–(vii), (e)–(iii), (f)–(viii), (g)–(vi), (h)–(iv)

2   (a)   El oficio, bueno o malo, da de comer a su amo.

(b)   La avaricia rompe el saco.

(c)   No hay mejor lotería que el trabajo y la economía.

(d)   No hay tal maestro como Fray Ejemplo.

Actividad 6.1

Puede que hayas mencionado los siguientes puntos:

- la necesidad de desarrollar políticas económicas y de desarrollo;
- la explotación indiscriminada de los recursos / de la naturaleza;
- el coste de la protección (de la conservación de especies y recuperación de especies en peligro de extinción);
- ventajas y desventajas de las leyes para la protección del medio ambiente;
- sociedad de consumo y los países desarrollados;

- la situación de los países del Tercer Mundo, con sus problemas económicos (deuda externa, etc.);
- explotación racional de la naturaleza y desarrollo sostenible;
- la situación de las reservas planetarias;
- el tema de la biodiversidad (o variedad de las especies);
- el patrimonio natural como patrimonio de la Humanidad.

Actividad 6.2

2   (a)   **El ritmo inédito** – una velocidad hasta ahora desconocida

la variedad de especies animales y botánicas – biodiversidad

no da muestras de disminuir – no hay indicios de que este proceso se esté ralentizando

resultado de la intervención humana – fruto de la mano del hombre

(b)   **se traigan plantas y animales raros que desplazan a los autóctonos** – la introducción y propagación de especies exóticas

desastres naturales – inundaciones, sequías

(c)   **las modificaciones inesperadas en nuestro hábitat** – cambios medioambientales repentinos

la falta de comida y agua – la escasez de alimentos y recursos hídricos

(d)   **fines contrapuestos** – objetivos en conflicto

mantener la variedad de flora y fauna – contribuyan a la conservación de la biodiversidad

Actividad 6.3

(a)   ecosistema

(b)   hábitat

(c)   contaminación

(d)   nutriente

Actividad 6.4

Problemas medioambientales	Medidas de protección medioambiental
Desertización	Reforestación.
Desaparición de especies	Políticas de protección de especies en peligro de extinción.
Venenos y pesticidas	Control del uso de estas sustancias en la naturaleza; prohibición de vertidos industriales y agrícolas en los ríos.
Agotamiento de las fuentes de recursos	Investigación y empleo de fuentes de energía sostenibles.
Contaminación en las ciudades	Política ambiental; limitación del uso de vehículos.
Exceso de sustancias químicas en verduras y productos cárnicos	Agricultura biológica.
Fuegos forestales	Prohibición de echar colillas o encender fuegos en el bosque.
Tráfico de pieles y productos de animales protegidos	Fuertes controles en las fronteras de los países afectados. Fuertes castigos; campañas de concienciación ciudadana en los países receptores para que la gente no compre estos productos.

Actividad 6.5

1   Primer párrafo

La **pérdida** actual de biodiversidad

... los **cambios** derivados en el medio ambiente

... se están **produciendo** a una velocidad

... **ritmo** natural,

... este **proceso** se esté ralentizando.

... una **transformación** radical

Segundo párrafo

Los grandes **generadores** de dicho **cambio**

... la **transformación** de cobertura del suelo

... **están ejerciendo** una gran influencia la **modificación** de los hábitat,

... la **introducción y propagación** de especies exóticas

... **se traduce** en un exceso

... **hay que sumar el cambio** climático,

... **producirá un aumento** del riesgo

... **reducción** de las poblaciones

Tercer párrafo

... esta **pérdida** de biodiversidad **repercutirá**, y **repercute** ya,

... debido al mayor riesgo que **se ha generado** de que se **produzcan cambios** medioambientales

... la **disminución** drástica de las poblaciones

... también le **afectará**, como ya le está **afectando**

Cuarto párrafo

... nos **llevará** a tener que tomar decisiones

... **fomentarán** a su vez un mayor bienestar del ser humano

Quinto párrafo

... los beneficios que **se derivan** de la conservación

... las **contrapartidas que surgen** al favorecer unas opciones

...que se produzcan **sinergias** entre ambos.

2   Si tienes alguna duda, no te olvides de consultar el diccionario.

(a) planteen, (b) civilización, (c) actor, (d) frenar, (e) soportar.

Actividad 6.6

(a) **La conservación de la energía** debe ser un objetivo de todas las comunidades.

(b) No debería ser necesario tener leyes para **la salvaguardia del patrimonio natural.**

(c) Los seres humanos tienen la responsabilidad de evitar **la desaparición de las especies.**

(d) Es necesaria **la protección de nuestro entorno** para las generaciones futuras.

(e) **La degradación del ambiente** traerá en poco tiempo consecuencias funestas.

Actividad 6.7

(a) Concesiva: **Aunque desaparecen** muchas especies, nadie hace nada.

(b) Causal: **Como no reaccionaron / Como no habían reaccionado** a tiempo ante la tala masiva de árboles, el Ayuntamiento decidió que era demasiado tarde para actuar.

(c) Condicional: **Si tenemos en cuenta** el panorama actual de catástrofes biológicas, hay pocas dudas...

(d) Temporal: **Cuando abramos** los espacios...;

Condicional: **Si abrimos** los espacios...

(e) Condicional: **Si se despierta / despertamos** el interés de todos por la conservación de la biodiversidad...

Actividad 6.8

(a) **renovables** = que pueden renovarse

(b) **degradado** = que ha perdido sus cualidades

(c) **declarada** = no encubierta, ostensible

(d) **gestionados** = dirigidos

(e) **sostenible** = que se puede mantener, sostener

Actividad 6.9

1 (a) ecología, (b) biografía, (c) ecosistemas, (d) biodegradables, (e) bioética, (f) ecológico, (g) biológico

2 (a) bioquímica, (b) bioética, (c) biometría, (d) biología, (e) biofísica, (f) ecología

Actividad 6.10

1 **Extinción:** La pérdida, no hay indicios de que este proceso se esté ralentizando, transformación radical, modificación de los hábitat, transformación de cobertura del suelo y la sobrepesca, especies exóticas invasoras, sobreexplotación, contaminación, riesgo de extinción de especies, pérdida de biodiversidad, disminución drástica de las poblaciones de peces.

También se pueden considerar, en este contexto: los cambios derivados en el medio ambiente, más de cien veces superior respecto al ritmo natural.

Protección: políticas que más contribuyan a la conservación de la biodiversidad, mantener los beneficios múltiples derivados de los ecosistemas, beneficios que se derivan de la conservación de la biodiversidad, mayor protección de la biodiversidad, el grado de biodiversidad que se conserve, frenar la pérdida de biodiversidad.

También se pueden considerar, en este contexto: implicaciones éticas.

2 Expresiones para referirse a la diversidad biológica:

patrimonio natural;

lo que tenemos en la naturaleza;

el resultado de millones de años de evolución biológica;

ecosistemas;

riqueza natural;

especies del planeta;

especies y hábitats;

fauna y flora.

3 Sugerencia:

En este momento, nuestro patrimonio natural está en peligro, por eso todos debemos cuidar lo que tenemos en la naturaleza. La biodiversidad es el resultado de millones de años de evolución biológica y la estamos perdiendo en menos de un siglo. Aunque hay causas naturales para la desaparición de parte de la fauna y flora de un lugar, es innegable que la mano del hombre ha tenido mucho que ver en este proceso. El traer especies invasoras a una región ha perturbado los ecosistemas porque las especies y hábitats autóctonos se contaminan de forma irreparable. Es indispensable que tomemos conciencia de lo importante que es conservar la riqueza natural que significan las miles de especies del planeta.

Actividad 6.11

1 (a) fuertemente / creciente; (b) masiva / delicado; (c) inminente; (d) rápidamente / fundamental.

2 (a) La pérdida actual de biodiversidad y los cambios derivados en el medio ambiente se están produciendo a una velocidad hasta ahora desconocida en la historia de la humanidad, **más de cien veces superior** respecto al ritmo natural.

(b) Las políticas que **más** contribuyan a la conservación de la biodiversidad fomentarán a su vez **un mayor** bienestar del ser humano al mantener los beneficios **múltiples** derivados de los ecosistemas.

3 (a) ... que cambiarán **significativamente**... / ... que esto afectará **significativamente** al planeta entero.

(b) ... de **excesiva** explotación del ambiente.

(c) ... un proceso de **acelerado** deterioro ecológico, que demandará nuestros **mejores** esfuerzos...

(d) ... es **uno de los problemas ecológicos más importantes** que afectan...

(e) ... está desapareciendo **uno de los legados más grandes** de la región... / ... **uno de los mayores legados** de la región...

4 Sugerencia:

La pérdida actual de **biodiversidad** se debe a la **intervención humana**. Ya está causando **desastres naturales** que nos perjudican a todos. Hay que buscar **soluciones** que conserven la diversidad biológica porque esto repercute en el **bienestar humano**.

Actividad 6.12

1 **Vocabulario especializado propio del tema:**

diversidad biológica, biodiversidad, medio ambiente, ecosistemas, cobertura del suelo, sobrepesca, hábitat, especies exóticas invasoras, sobreexplotación, recursos naturales, contaminación, fertilizantes, nutrientes, cambio climático, extinción de especies, inundaciones, sequías, epidemias, cambios medioambientales, incendios forestales, recursos hídricos, producción agrícola, biodiversidad acuática.

Expresiones formales de análisis:

se están produciendo, no hay indicios de que este proceso se esté ralentizando, han experimentado, continúan transformándose, los grandes generadores de dicho cambio, están ejerciendo una gran influencia, se traduce en, hay que sumar, se prevé que producirá un aumento, repercutirá, y repercute ya, debido al mayor riesgo que se ha generado de que se produzcan, le afectará, como ya le está afectando, las políticas que más contribuyan, fomentarán a su vez, debe estar bien informada sobre, las contrapartidas que surgen al favorecer unas opciones en detrimento de otras, aunque los motivos económicos pueden justificar, se trata de decidir, para que se produzcan sinergias.

Enjuiciamiento / opinión:

una velocidad hasta ahora desconocida en la historia de la humanidad, más de cien veces superior respecto al ritmo natural, son sin duda, todo ello nos llevará a tener que tomar decisiones importantes, no hay que olvidar a la sociedad, hay que plantearle, no debería depender únicamente de las consideraciones utilitaristas, sino también de las implicaciones éticas, busquemos las formas.

Estructuras para incluirnos a todos y para promover la idea de que somos parte de la misma comunidad:

Uso de la primera persona del plural: Todo ello nos llevará a tener que tomar decisiones, busquemos las formas.

2   (a)   Las características de este texto son propias del **ensayo crítico** en el que el autor analiza y enjuicia una actividad humana (la pérdida de biodiversidad a causa de la acción humana) de forma rigurosa. Se utiliza lengua expositiva para presentar el problema pero también estructuras que expresan opinión y juicio. El vocabulario es formal y especializado.

(b)   El autor parece ser una persona culta y con conocimiento sobre el tema por la utilización de vocabulario especializado. Probablemente es un académico. Sin embargo, no parece ser un biólogo. Quizás sea algún tipo de humanista o de científico social ya que no usa cifras y se refiere más a los problemas y dilemas humanos.

Actividad 6.13 _____

(a)   Ser fuerte como un roble / estar hecho un roble = ser muy fuerte y de gran resistencia.

(b)   No se puede pedir peras al olmo = no se puede pedir lo imposible.

(c)   No todo el monte es orégano = no todo es fácil o bueno en un asunto.

(d)   Dar gato por liebre = hacer pasar una cosa por otra parecida pero peor.

(e)   Hacer una montaña de un grano de arena = dar mucha importancia a una cosa que no la tiene, exagerar.

Acknowledgements

Grateful acknowledgement is made to the following sources:

Illustrations

Cover image: © Sergio J. Padron A, 'Peñeros', Chichiriviche, Parque Nacional Morrocoy, Venezuela.

Page 13: Jason P. Howe/South American Pictures; *page 29*: © Sexto Sol/Getty Images; *page 32*: Colección Pintura Colombiana 1, Museo de Museos Colsubsidio, Bogotá, 1995; *page 33*: painting *Lección de Guitarra* from exhibition at Museo Nacional, Bogotá, Colombia; *page 43*: © Fernando Rosell-Aguilar; *page 57*: DNA spiral © Osuleo/ iStockphoto; *page 61*: Courtesy of Carnegie Institute of Washington; *page 73*: © Javier Pierini / Getty Images; *page 87*: © Lledospain/Dreamstime.com.

Text

Pages 15–16: Henríquez Ureña, P. *Historia de la cultura en la America Hispanica*, 1959 © Fondo de Cultura Económica, México-Buenos Aires; *page 76*: © www.ugt.es/Mujer/crisalida, número 43, noviembre 2008; *pages 89–90*: © Solé, M. http://www.cima.org.es/diversidadbiologica.html.

Every effort has been made to contact copyright holders. If any have been inadvertently overlooked the publishers will be pleased to make the necessary arrangements at the first opportunity.